BIENVENIDO A FLORENCIA

AF193859

Detalle de la Puerta del Paraíso, de Ghiberti (siglo xv), en el baptisterio.
Gosiek-B/Getty Images Plus

Llegar a Florencia

En avión

⟲ *Ir en avión, pág. 116.*

Aeropuerto de Florencia

Aeropuerto Amerigo Vespucci - Via del Termine 11, 5 km al norte de la ciudad - ☎ 055 30 615 - www.aeroporto.firenze.it.

Para llegar a Florencia: Taxi - La estación está situada en la salida del aeropuerto, a la derecha - ☎ 055 42 42 o 055 49 30. Precio fijo de 22 € (entre semana) para el centro de la ciudad (15 min); suplemento de 1€ por maleta.

Tranvía - El T2 llega a la estación Santa María Novella en 20 minutos, sale cada 4-10 minutos, de 05:00 a 00:30 h - 1,50 € - www.gestramvia.it.

Aeropuerto de Pisa

Aeropuerto Galileo Galilei - Via dell'Aeroporto, 80 km al oeste de Florencia - ☎ 050 84 91 11 - www.pisa-airport.com.

Para llegar a Florencia: Autobús - Lanzaderas periódicas conectan el aeropuerto de Pisa con la estación Santa María Novella de Florencia (70 min). www.caronnatour.com - 13,90 €. **Trenes** - Conexiones directas entre la estación de Pisa (a 1 km del aeropuerto) y la estación de Santa María Novella de Florencia (aproximadamente 1 hora). El servicio de transporte PisaMover (sale cada 5-8 min) conecta el aeropuerto con la estación de Pisa en 5 min - pisa-mover. com - 5 €.

En tren

⟲ *Ir en tren, pág. 116.*

Estación de Santa María Novella -

Plaza de la Estación. Es la estación principal, justo en el centro de la ciudad.

Consigna de equipajes - En el andén 16 - de 9:00 a 19:00h - 7 €/12 horas - www.kibag.it.

Moverse por la ciudad

Red pública - La empresa **Autolinee Toscane** (www.at-bus.it) gestiona la red de autobuses urbanos. Mapa detallado disponible en la taquilla ubicada en el vestíbulo principal de la estación Santa María Novella, en las oficinas de turismo (⟲ *pág. 122*) y en Internet.

Billetes - Se pueden adquirir en estancos y en comercios señalizados con el cartel «AT». Precio: 1,50 € (válido por 90 minutos con posibilidad de realizar cambios de línea), 2,50 € a bordo.

La Catedral de Santa María del Fiore o Duomo.
A. Gravane/easyFotostock/age fotostock

No te lo pierdas

Los lugares más bellos elegidos para ti

★★★ **El complejo del Duomo**
Mapa E4 - pág. 14

★★ **Palacio Pitti**
Mapa D6 - pág. 58

★★★ **Capilla de los Reyes Magos en el Palacio Medici Riccardi** - Mapa E4 - pág. 43

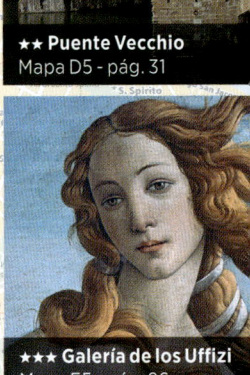

★★★ **Galería de los Uffizi**
Mapa E5 - pág. 26

★★ **Puente Vecchio**
Mapa D5 - pág. 31

★★★ **Capilla Brancacci**
Mapa C5 - pág. 68

★★★ **Capillas de los Medici**
Mapa D4 - pág. 42

★ **Galería de la Academia**
Mapa E3 - pág. 45

★★★ **Plaza de la Signoria**
Mapa E5 - pág. 24

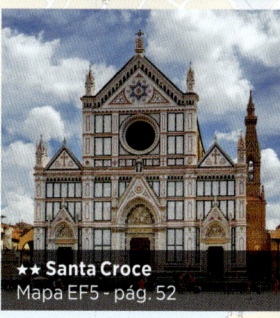

★★ **Santa Croce**
Mapa EF5 - pág. 52

Nuestros favoritos

💙 **Piensa en los tesoros del Renacimiento italiano...** en la cafetería de los Uffizi. Despúes de la delicadeza de las diosas de Botticelli y la armonía de los retratos de Rafael, disfruta de un descanso en la terraza de este café, con vistas al perfil de la Torre de Arnolfo del Palacio Vecchio. *Ver pág. 26.*

💛 **Toma una clase de cocina en el Mercado Central.** Entre los puestos que difunden los aromas y colores del mercado más bonito de la ciudad, aprenderás a sorprender a tus invitados con las mejores recetas de Italia. *Ver pág. 123.*

El Mercado Central.

A. Pistolesi / hemis.fr

💛 **Acompaña a los Reyes Magos al Palacio Medici Riccardi.** Entre los frescos fantásticos de Benozzo Gozzoli encontrarás caballeros, cazadores y pajes, pero también a Lorenzo el Magnífico de niño y dos autorretratos del artista. *Ver pág. 43.*

💛 **Déjate llevar por la música,** con la mirada fija en las bellezas de Florencia. En Orsanmichele, las estatuas de Ghiberti, Verrocchio, Donatello y Giambologna podrán ser testigo contigo de las dulces notas de la Orquesta de Cámara Florentina. Entre un do y un sol, aprovecha para disfrutar de la espléndida vista desde las ventanas. *Ver pág. 108.*

💛 **Fotografía Florencia desde el mirador del Jardín Bardini.** Sube rodeado de hortensias, azaleas y camelias: serás recompensado con una magnífica vista de la ciudad. ☀ *pág. 64.*

💛 **Encuentra a Dante, Petrarca, Boccaccio** y sus seres queridos en la Capilla de los españoles en Santa María Novella. ¿Tienes curiosidad por saber qué caras tenían Beatrice, Laura y Fiammetta? Con su galería de retratos en el claustro de Santa María Novella, Andrea di Bonaiuto nos ofrece una instantánea de la alta sociedad florentina del siglo XIV. *Ver pág. 35.*

I. Peacock / Alamy/hemis.fr

El Lungarno Vespucci al atardecer.

💗 **Huele los aromas del Taller Perfume - Farmacéutico de Santa María Novella.** Estás dentro de la farmacia más bella (y más antigua) del mundo: bajo una bóveda neogótica y entre frescos del siglo XVII, todavía se vende Acqua della Regina, una colonia creada específicamente para Caterina de Medici en 1533. *Ver pág 36.*

💗 **Camina por el Lungarno Vespucci al atardecer.** ¡No hay nada como la luz de Florencia al atardecer! Con el Arno, las colinas a un lado y la ciudad al otro... *Ver pág. 39.*

💗 **Disfruta de un bocadillo de lampredotto acompañado de una copa de vino** en una vinoteca. Es imposible marcharse de la ciudad sin haber vivido esta experiencia gastronómica cien por cien florentina. *Ver pág. 84.*

💗 **Pasea por el barrio de Santo Spirito** entre tiendas de antigüedades y talleres artesanales. Lejos de las aglomeraciones de turistas, descubre las calles tranquilas y apacibles de este barrio que no ha perdido su autenticidad. *Ver pág. 66.*

💗 **Deléitate en «La Gelatiera»,** una heladería artesanal a tiro de piedra de la Galería de la Academia. Ruo-La y Francesco producen muchos sabores veganos y sin azúcar con una cremosidad extraordinaria. *Ver pág. 96.*

Florencia en 3 días

Día 1

▶ **Mañana**

Ve y descubre Florencia desde el corazón de la ciudad. Planifica una visita al complejo formado por **Catedral (Duomo)★★★**, **Campanario (Campanile)★★★** y **Baptisterio (Battisterio)★★★** *(págs. 14 y 18)* y luego un paseo por las calles medievales del barrio.

▶ **Mediodía**

Disfruta de un típico bocadillo de lampredotto en **Da' Vinattieri,** o de una copa de vino acompañada de aperitivos en la **Cantinetta dei Verrazzano** *(pág. 84)*.

▶ **Tarde**

Visita **Santa María Novella★★** *(pág. 32)* y entra en su magnífica farmacia *(pág. 36),* luego date un paseo entre las numerosas *boutiques* de alta costura de **via dei Tornabuoni** y echa un vistazo al **Palacio Strozzi★★** *(pág. 36)*.

¿Qué pasaría si te quedaras 4 días?

Un viaje a **Fiesole★** te permitirá vislumbrar la vida de las civilizaciones etrusca y romana, que florecieron en la región. También será una oportunidad para aventurarse en la espléndida campiña toscana y admirar las suntuosas villas, donde la nobleza florentina se refugiaba para escapar de los sofocantes veranos de la ciudad *(pág. 75)*.

▶ **Noche**

Cruza el Puente Santa Trinita para admirar el **Puente Vecchio★★** *(pág. 31)* al atardecer, luego cena en uno de los restaurantes de los alrededores de la **Plaza Santo Spirito** *(pág.92)*.

Día 2

▶ **Mañana**

Admira la **Plaza de la Signoria★★★** *(pág. 24)* por la mañana temprano y cruza las puertas de la **Galería de los Uffizi★★★** *(pág. 26)* tan pronto como se abran (reserva tu entrada con antelación o compra la Firenze Card, *pág. 127)*. Resérvate al menos 3 horas para la visita.

▶ **Mediodía**

Haz cola pacientemente para disfrutar de uno de los famosos bocadillos **All'Antico Vinaio** *(pág. 85)*.

▶ **Tarde**

Admira las suntuosas decoraciones del **Palacio Vecchio★★★** (puedes reservar con antelación una de las interesantes visitas guiadas temáticas, *pág. 24*) y luego dirígete hacia **Santa Croce★★** *(pág. 52)* para rendir homenaje a las glorias nacionales y al genio de Brunelleschi en la **Capilla Pazzi★★** *(pág. 54)*.

▶ **Noche**

El barrio de Santa Croce es el corazón de la vida nocturna de la ciudad: aprovecha uno de los innumerables restaurantes, bares y tabernas que se encuentran a lo largo de **via de' Benci** o **via de' Macci** *(págs. 57, 89 y 96)*.

Día 3

▶ Mañana

Visita el complejo de **San Lorenzo**★★ (*pág. 40*) y las **Capillas de los Medici**★★★ (*pág.42*) y luego el **Palacio Medici Riccardi**★★, que alberga la increíble **Capilla de los Reyes Magos**★★★ de Benozzo Gozzoli (*pág. 43*). Por otra parte, admira el *David* de Miguel Ángel en la **Galería de la Academia**★★★ (si no tienes la Firenze Card, reserva tu entrada con antelación, *pág. 45*).

▶ Mediodía

Almuerza en el animado **Mercado Central** (*pág. 87*).

▶ Tarde

Camina hasta el **Palacio Pitti**★★ (*pág. 58*) o bien hasta la estación Santa María Novella para tomar el autobús D, hasta Plaza de Pitti. Tómate el tiempo para descubrir las obras de la **Galería Palatina**★★★ y los **apartamentos reales**★ o elige uno de los otros museos del palacio. Al final de la tarde podrás relajarte en el **Jardín de Bóboli**★ (*pág. 62*) ,y, desde allí, podrás llegar al **Jardín Bardini**★ (*pág. 64*) para admirar las vistas de la ciudad envuelta por la luz del atardecer.

▶ Noche

Cena en el frondoso barrio que rodea el Palacio Pitti (*pág. 90*). Por otra parte, escucha un concierto de música clásica en el **Museo de Orsanmichele**★ (*pág. 108*); puedes comprar la entrada el mismo día.

Jim Pintar/Getty Images Plus

Vista de Florencia y la Iglesia de Santa Croce.

VISITAR FLORENCIA

Vista de Florencia.
Simon11uk/Getty Images Plus

Florencia hoy

Florencia: un torbellino de sensaciones, un lugar donde la Edad Media y el Renacimiento rivalizan en gracia, dibujando los relieves de la ciudad alrededor del Arno para componer un cuadro sorprendente. Este último se abre a la **Plaza del Duomo**, que alberga la catedral, el baptisterio y el campanario, en una alternancia de mármol blanco, rosa y verde. A su alrededor, en el animado laberinto de calles medievales, todavía resuena la presencia de Giotto, Brunelleschi y Donatello. Así es Florencia: repleta de tesoros y, sin embargo, también ajetreada, repleta de hordas de turistas. Pese a ello, fuera de este perímetro sobrecargado de maravillas, la ciudad ofrece otros barrios, igualmente llenos de encanto, más tranquilos y auténticos.

Cuna del Renacimiento

A dos pasos del Duomo, cerca de la elegante **Plaza de la Signoria**, se encuentra uno de los museos más grandes del mundo, los **Uffizi**, adornados con obras de Botticelli, Leonardo da Vinci, Tiziano y Caravaggio, y el Palacio Vecchio, suntuosamente decorado, dominado por su torre imponente. Un poco más adelante, el **Puente Vecchio**, con sus orfebrerías, cruza el Arno y conduce, en la otra orilla, al romántico Jardín de Bóboli.

Stendhal, viajero insaciable y apasionado de Italia, después de haber escrito las impresiones de sus viajes a Roma, Nápoles y Florencia, relató en su *Giornale* una anécdota, de todo menos banal, sobre la ciudad de los Medici. Durante la visita a la Iglesia de Santa Croce el escritor tuvo que marcharse, abrumado por un torrente de emociones demasiado intensas. Posteriormente, gracias a la psicoanalista Graziella Magherini, los médicos denominaron **«síndrome de Stendhal»** a este trastorno emocional que algunos sienten al visitar lugares donde se concentran un gran número de obras de arte o están impregnadas de un fuerte componente histórico. Apodada el «Panteón italiano», la Iglesia de **Santa Croce** alberga en

kiev4/Getty Images Plus

El baptisterio.

realidad los restos de muchos hombres ilustres: Miguel Ángel, Maquiavelo, Rossini, Ghiberti y Galileo, entre muchos. Esta iglesia por sí sola podría representar la ciudad de los Medici, cuna del arte y vivero de genios, cuna de la lengua italiana y de la civilización humanista.

Convivencia y autenticidad

Con un pasado tan rico, que ha dejado un legado igualmente importante, los florentinos no podían escapar de un gran sentimiento de orgullo. No es casualidad que el símbolo de Florencia sea el león, el famoso **Marzocco** que domina la Plaza de la Signoria: impetuoso, noble y generoso al mismo tiempo (☾ *cuadro pág. 135*). Aquí todo gira en torno a la educación, el linaje y el legado. A lo largo del año, festivales y eventos recuerdan las tradiciones centenarias que aún siguen vivas en el corazón de los florentinos, como el Scoppio del carro el Domingo de Pascua, que celebra la primavera; el festival de música clásica Maggio fiorentino o el Calcio Storico, antepasado del fútbol moderno (☾ *págs. 131 y 149*).

Muy apegados a su ciudad y de bastante buen humor, los florentinos tienen un fuerte sentido de la hospitalidad, sin dejar de ser reservados. Desde los bares hasta las heladerías, pasando por el mercado, la buena convivencia está por todas partes. Se habla de la familia, de la gastronomía, se comparte el crostini, se relamen ante los puestos de callos y lampredotto, se comenta *La Gazzetta dello Sport* y se alaban las mejores cosechas de Chianti. Aléjate del Duomo para sumergirte en el ambiente más auténtico de la ciudad. Hay un aire provinciano en el barrio de **San Marco**, que se extiende tranquilamente alrededor de su convento, y en los de **Santa Croce** y **Santo Spirito** con hileras de talleres artesanales y delicias gastronómicas. Aquí y allá encontrarás claustros y refectorios tranquilos, multitudes de repartidores en *scooter*, olores de un mercado, pequeñas plazas dominadas por las terrazas de los cafés frecuentados por clientes habituales..., el lugar ideal para observar el ir y venir de la gente y presenciar el espectáculo cotidiano de la vida.

Florencia se renueva

En los últimos años, multitud de proyectos han permitido revalorizar el patrimonio de la ciudad. La Plaza del Duomo y gran parte del centro histórico se han convertido ahora en una zona peatonal. Se han creado centros culturales como la Biblioteca Oblate y el complejo Murate en la antigua prisión. El Parque de Cascine y la antigua Estación Leopolda, actualmente utilizada como centro de conferencias y eventos, han sido renovados, al igual que el Nuevo Teatro de la Ópera de Florencia. Alrededor de la antigua Fábrica de Tabacos está surgiendo un nuevo barrio, animado por la energía creativa de la moda, el arte y el diseño. En 2015, el Museo de la Ópera del Duomo reabrió sus puertas tras haber sido completamente renovado. Gracias al proyecto Nuovi Uffizi se ha duplicado el espacio expositivo de uno de los museos más importantes del mundo. ¡La cuna de la lengua y la cultura italianas ha recuperado así su papel de capital del arte y de la belleza!

El Duomo★★★ y el centro medieval

El armonioso conjunto formado por el Duomo, el baptisterio y el campanario es el corazón artístico e intelectual de Florencia, mientras que unos pasos más al sur, palacios e iglesias se suceden en las calles comerciales invadidas por turistas. La presencia de los grandes artistas florentinos y el alma del poeta Dante se cierne sobre todo.

▶ **Cómo llegar:** solo se puede acceder gratuitamente a la catedral. Para los demás monumentos, están disponibles las entradas válidas para tres días: *Brunelleschi Pass 30€ (campanario, baptisterio, Cripta de Santa Reparata, cúpula y Museo de la Ópera); Giotto Pass 20 € (sin cúpula); Ghiberti Pass 15 € (sin cúpula ni campanario) - ☎ 055 23 02 885 - duomo.firenze.it - se puede comprar in situ (taquillas frente al baptisterio, en la entrada del campanario y del museo) o en la página web. Acceso gratuito a los distintos sitios con la Firenze Card (☛ pág. 127). Los horarios de apertura de los monumentos están sujetos a cambios, consulta la página web antes de tu visita.*

Plano del barrio pág. 17. Mapa extraíble E4-5.

▶ **Consejo:** para disfrutar plenamente de la catedral, intenta visitarla por la mañana temprano, cuando está desierta y silenciosa.
☛ *Nuestras direcciones, págs. 84, 94, 100, 108 y 110.*

Plaza del Duomo★★★

Está presidida por la catedral, auténtico icono de la ciudad, que junto con el campanario y el baptisterio da vida a un majestuoso conjunto realizado en mármol blanco, verde y rosa, testimonio del paso del arte florentino desde el siglo XIX (de la Edad Media al Renacimiento). La **Logia del Bigallo**, construida a mediados del siglo XIV, se abre a la Plaza San Giovanni y a la via dei Calzaiuoli: durante un tiempo, bajo sus arcos de medio punto, coronados por ventanas gemelas, niños huérfanos o abandonados esperaban la llegada de una madre adoptiva, como lo muestra un fresco de 1386, conservado en el pequeño edificio **Museo Bigallo** *(Piazza San Giovanni 1 - ☎ 055 28 84 96 - bigliettimusei.comune.fi.it - visitas guiadas a las 10, 12 y 15 h - cerrado los do. por la tarde).*

Duomo (catedral) ★★★

Todos los días, excepto los domingos de 10:15 a 16:30 h, gratis.
Construida entre los siglos XIII y XIV para celebrar la gloria de Florencia, la Catedral de **Santa María del Fiore** evoca el episodio de la rosa de oro regalada por el Papa Eugenio IV en el momento de su consagración en 1436.

Sus dimensiones: 155 m de largo, 90 m de ancho y 107 m de alto, lo convierte en uno de los santuarios más grandes del mundo cristiano. Comenzó en 1296 a partir de un proyecto inicial de **Arnolfo di Cambio**, célebre arquitecto de la época, y su construcción costó a la ciudad un siglo y medio de sacrificios. El resultado final es un edificio que celebra el esplendor de un estilo gótico típico de Florencia, favoreciendo grandes volúmenes y líneas horizontales. La fachada fue construida a finales del siglo XIX según el diseño original de Arnolfo di Cambio.

Exterior - En el lado derecho, la catedral revela lo mejor de sus incrustaciones de mármol policromado, sin relieves pero igualmente grandiosas. Admira el **ábside★★★** que termina con tres capillas poligonales: con la cúpula apoyada sobre un tambor alto, formando un conjunto de raro equilibrio. En el lado izquierdo, la puerta Mandorla revela un tímpano, decorado con un mosaico de Ghirlandaio y una bella *Asunción* de Nanni di Banco.

Interior - Su sorprendente sencillez contrasta con la suntuosidad del exterior. Solo cuatro grandes arcos sostienen las bóvedas góticas de la nave, de 80 m de longitud. Un mosaico de Gaddo Gaddi (siglo XIII) cubre el interior de la fachada. Esta última y las naves laterales están iluminadas por valiosos ventanales: las primeras, en particular, diseñadas por Ghiberti, incorporan a su composición un extraordinario tono verde.

En uno de los pasillos de la izquierda, dos **frescos★** de **Paolo Ucello** (1436) y de **Andrea del Castagno** (1456) muestran a dos líderes a caballo: soldados «profesionales» que pusieron sus habilidades al servicio de Florencia. En el último tramo, antes del coro, otra pintura mural de Domenico di Michelino (1465) representa a Dante intentando explicar su viaje imaginario al más allá. *La Divina Comedia* (◉ cuadro pág. 22).

Cúpula★★★ - Una maravilla arquitectónica de casi 50 m de diámetro, la vertiginosa cúpula se eleva 91 m por encima del coro. Iniciada en 1420, requirió catorce años de trabajo por parte de su creador, **Filippo Brunelleschi**, que se inspiró en los edificios romanos. El arquitecto compensó el empuje excesivo utilizando dos tapas conectadas entre sí por puntales invisibles. Un inmenso fresco del Juicio Final cubre la parte interna de la cúpula: fue iniciado por **Vasari**, que trabajó en él de 1572 a 1574, y luego fue continuado por Federico Zuccari, que lo completó en 1579.

Coro★★ - Inmenso y octogonal, ofrece una magnífica vista de todo el edificio. A su alrededor se abren tres amplios ábsides en forma de trébol, cada uno de los cuales da acceso a cinco capillas. El eje con la entrada principal alberga una obra maestra de Ghiberti: el Arca de San Zanobi, el monumento funerario de bronce del primer obispo de Florencia *(acceso prohibido)*. De un lado al otro del altar mayor, dos tímpanos de terracota de color azul claro, de Luca della Robbia, una *Ascensión* y una *Resurrección*, decoran las puertas de las dos sacristías.

DUOMO – SIGNORIA – UFFIZI

DÓNDE COMER

I Fratellini	1
Da' Vinattieri	4
Cantinetta dei Verrazzano	5
Gucci Osteria da Massimo Bottura	6
All'Antico Vinaio	7
Ino	8
Vini e Vecchi Sapori	9
Le Mossacce	60
Trattoria Anita	61

Badia Fiorentina	L
Oratorio dei Buonomini	E
Torre de la Castagna	R

DÓNDE BEBER

Enoteca Coquinarius	1
Pasticceria Robiglio	2
Caffè Gilli	3
Caffè Paszkowski	4
Gelateria Perché no!	5
Pasticceria Scudieri	6
Rivoire	8
Gucci Giardino 25	11
La Milkeria	35

COMPRAS

Cuoio Simone Taddei	1
Casa dei Tessuti	2
Pegna	3
Dr. Alessandro Bizzarri	4
Boutique Nadine	5
Patrizia Pepe	12
Signum	33
Bramada	44

SALIR DE NOCHE

Orchestra da Camera Fiorentina	1

DÓNDE DORMIR

B&B Dei Mori	4
La Casa del Garbo	5
Hotel Torre Guelfa	46

Cripta de Santa Reparata - *de 10:15 a 16:45 h, do. de 13:30 a 16:45 h - entrada* ☉ *pág. 14.* Una escalera en la nave central permite acceder a los restos de una basílica románica del siglo X, derribada cuando se construyó la catedral. Los restos de un suelo de mosaico y la tumba de **Brunelleschi** son visibles a través de una reja.

Sube a la cima de la cúpula★★★ - *Acceso desde puerta Mandorla (lado izquierdo) - de 8:15 a 18:45 h, sá. de 8:15 a 16:30 h, do. de 12:45 a 16:30 - se requiere reserva - billete* ☉ *pág. 14 (entrada sin taquilla). 463 escalones, una subida no recomendada para quienes padecen enfermedades cardíacas o claustrofobia.*

La subida, empinada e impresionante, da acceso a la estrecha galería situada encima del coro, que ofrece una **vista★★** vertiginosa del interior del edificio y permite admirar los detalles de las **vidrieras★** de los óculos del tambor, realizado en la primera mitad del siglo xv según el modelo de los dibujos de Ghiberti, Donatello, Paolo Uccello y Andrea del Sarto. Se puede llegar a la cima a través de una escalera construida en el espacio entre los dos casquetes, que permite observar la estructura de la cúpula. El último tramo, muy empinado, es el más espectacular ya que conduce al pie de la linterna, última obra de Brunelleschi, construida después de su muerte. Desde la linterna se abre una magnífica **vista★★** de Florencia, con sus tejados cubiertos de tejas ocres, sus terrazas y sus monumentos.

Terrazas de la catedral★★ - *Acceso por la puerta Mandorla (lado izquierdo) - duomo.firenze.it - 25 € - es necesario reservar en la página web. Visita prohibida a menores no acompañados y no recomendada a mujeres embarazadas y personas que padezcan enfermedades cardíacas, mareos o claustrofobia.*

El esfuerzo necesario para subir los 151 escalones que conducen a las terrazas se ve gratamente recompensado por la vista de Florencia, pero sobre todo por la vista de la cúpula de Brunelleschi, la linterna del baptisterio, el campanario y también el interior de la catedral, que se puede admirar durante el paso de la terraza norte a la terraza sur.

Campanario ★★★

De 8:15 a 19:00 h - billete ⊙ pág. 14. 414 escalones, una subida no recomendada para quienes padecen enfermedades cardíacas o claustrofobia.

Con 82 m de altura, es tan famosa como la cúpula, con la que contrasta armoniosamente gracias a sus líneas rectas. **Giotto**, que había dibujado los planos, inició la construcción en 1334, pero murió en 1337. Terminado a finales del siglo xiv, el campanario, típico del gótico florentino, sorprende por sus decoraciones geométricas, dominadas por líneas horizontales.

El revestimiento de mármol, en tonos claros, y la apertura de ventanas que se van ampliando a medida que se asciende, dan un efecto de extrema ligereza. Los bajorrelieves de la parte inferior de la estructura han sido sustituidos por copias y los originales se encuentran en el Museo de la Ópera del Duomo (⊙ *pág. 20*). Los del primer piso fueron esculpidos por Andrea Pisano y Luca della Robbia, los del segundo piso por alumnos de Andrea Pisano, siguiendo los diseños de Giotto. A través de las ventanas de los tres niveles intermedios y desde la galería de la cumbre se puede disfrutar de una hermosa **vista★★** a la catedral y la ciudad, una excelente recompensa a la agotadora subida.

Baptisterio ★★★

Acceso por la puerta Norte - de 9:00 a 19:30 h - billete ⊙ pág. 14.

«Mi hermoso San Juan»: así evocó Dante el baptisterio dedicado a San Juan Bautista, patrón de la ciudad. El elegante edificio octogonal, revestido de mármol blanco y verde, desprende una inusual impresión de rigor y delicada pureza. De origen románico, el edificio, que data del siglo xi, presenta singulares elementos

El interior del baptisterio.

renacentistas: pilares, capiteles, frontones triangulares, etc. - que revelan la predilección del arte florentino por la antigüedad.

Puertas de bronce★★★ - *La puerta Norte original y la puerta del Paraíso se conservan en el Museo de la Ópera del Duomo.* Son universalmente conocidos. La **puerta Sur** es la más antigua: esculpida en estilo gótico por **Andrea Pisano** (1330), recuerda la vida de San Juan Bautista, arriba, y las virtudes teologales (fe, esperanza y caridad) y cardinales, abajo. Los marcos renacentistas, decorados con hojas, pájaros y querubines se deben al talento de Vittorio Ghiberti, hijo del autor de las otras puertas. La **puerta Norte** (1403-1424) fue la primera realizada por

Lorenzo Ghiberti, que entonces tenía solo veinticinco años, después de haber participado en un concurso con los artistas más importantes de la ciudad, entre ellos Brunelleschi. En un esfuerzo por mantener una cierta continuidad, el escultor conservó los cuatrifolios góticos de su predecesor, Pisano. Las escenas de la vida de Cristo muestran una armonía y un refinamiento compositivo excepcionales. Frente a la catedral se encuentra la famosa puerta Este (1425-1452), definida por Miguel Ángel como la **puerta del Paraíso**. En veintisiete años de trabajo, Ghiberti, habiendo alcanzado el apogeo de su arte, creó una obra maestra de escultura y orfebrería. Diez paneles complejos evocan el Antiguo Testamento y el propio autor se retrata, calvo y travieso, en uno de los medallones.

Interior - Con un diámetro de más de 25 m, se caracteriza por el mármol verde y blanco y el suelo decorado con motivos orientales. En el suelo, un octógono delimita el punto donde antiguamente se ubicaba la pila bautismal. La cúpula está decorada con brillantes **mosaicos★★★** del siglo XIII: a ambos lados de Cristo majestuoso se representa el Juicio Final, mientras que en los cinco niveles que cubren los otros lados de la cúpula se pueden reconocer las jerarquías celestes, el Génesis y la vida de José. Escenas de la vida de Jesús y de la Virgen, la vida de San Juan Bautista.

Museo de la Ópera del Duomo ★★★

Piazza del Duomo 9 - de 9:00 a 19:30 h - cerrado el primer ma. del mes - entrada ☞ pág. 14.

☺ Consigue un mapa del museo: la numeración de las salas no siempre es consecutiva.

Este museo exhibe las obras maestras de escultura y decoración de la catedral, el campanario y el baptisterio. En la planta baja, la impresionante **Sala del Paradiso★★★** exhibe los originales de la **puerta del Paraíso** y la **puerta Norte,** creadas por Ghiberti para el baptisterio. En la pared opuesta se reconstruye la fachada original de la catedral, que quedó inacabada en 1587. Más adelante, la expresiva **Magdalena penitente★★**, tallada en madera por **Donatello** (1455), y la **Piedad Bandini★★** que creó **Miguel Ángel** con 80 años.

En el piso superior, la **Galería del Campanario★** está dedicada a estatuas y **bajorrelieves★★★**, firmados por Luca della Robbia y Andrea Pisano. También hay numerosas estatuas de Donatello que representan a los profetas. Después descubrirás al genio Brunelleschi, el creador de la cúpula, mientras que la sala 23 está dedicada a la sillería del **coro★★** de Luca della Robbia y Donatello. El museo también alberga el famoso **altar★★** de plata que cuenta la historia de San Juan Bautista (siglos XIV-XV).

Finalmente, en el tercer piso, la **Terraza brunelleschiana** ofrece una hermosa **vista★★** en la cúpula de Brunelleschi.

Museo Nacional del Bargello ★★★

Via del Proconsolo 4 - ☎ 055 06 49 440 - www.bargellomusei.beni cultural.it - todos los días, excepto el ma. de 8:45 a 13:30 h - 9 €.

A partir de 1574, el austero **Palacio del Podestà★**, antigua residencia del primer magistrado de la ciudad, se convirtió en la residencia del bargello, el oficial a cargo de los servicios policiales. La fachada frontal, rematada por una torre almenada incorporada al lateral del palacio, data del siglo XIII, mientras que la fachada posterior, más baja y de aspecto menos marcado, fue construida un siglo después en estilo gótico. El **patio★★** medieval , adornado con un gran pórtico de arcos y una logia es uno de los más bellos de Italia. Su decoración es herencia de los escudos de los alcaldes que habitaron el palacio a lo largo del tiempo.

Hoy en día, el edificio alberga magníficas colecciones de esculturas y artes decorativas del Renacimiento italiano (marfiles, esmaltes, obras de orfebrería, etc.). En la planta baja, la Sala de Miguel Ángel y la escultura del siglo XVI albergan cuatro obras de **Miguel Ángel** (**Baco**, *David-Apolo*, *Retrato de Bruto* y el *Tondo Pitti*) y bronces de Benvenuto Cellini y Giambologna (**Mercurio**). En el primer piso, además de los magníficos **marfiles★** de los siglos V al XVII y los deliciosos **pájaros de bronce★** de Giambologna, se puede admirar una excepcional **colección★★★** de obras de **Donatello**. Entre todos destaca el célebre **David**, representado desnudo como un dios de la antigüedad, que resulta interesante comparar con el de Verrocchio, de expresión orgullosa y ligeramente insolente. En la misma sala se conservan los magníficos **paneles de bronce** del *Sacrificio de Isaac*, realizados por Lorenzo Ghiberti y Filippo Brunelleschi para el concurso convocado para la construcción de la puerta Norte del baptisterio. En la capilla de María Magdalena, **Dante Alighieri** está representado en el fresco del *Paraíso* atribuido al taller de Giotto. El segundo piso exhibe terracotas de Luca y Andrea della Robbia y esculturas de Verrocchio (*Dama col mazzolino*).

Abadía Fiorentina

Via del Proconsolo 11, esquina con via Dante Alighieri.
Esta iglesia perteneció a una poderosa abadía benedictina, fundada poco antes del año mil, que vivió una época de gran esplendor a lo largo de la Edad Media. El edificio fue remodelado a finales del siglo XIII por Arnolfo di Cambio. Entre 1310 y 1330 fue reconstruido el **campanario★** hexagonal, uno de los más bellos de Florencia: románico en la parte inferior, gótico en la superior. En 1627 la iglesia adquirió su aspecto actual, con decoraciones barrocas y el magnífico **techo★★** artesonado en madera tallada. En su interior esconde hermosas obras renacentistas: una **La visión de San Bernardo★**, de **Filipino Lippi**; un exquisito **relieve★** en mármol de Mino da Fiesole; dos elegantes **tumbas★** esculpidas por el mismo artista. No te pierdas el **Claustro de las Naranjas★★** construido en 1435 por Bernardo Rossellino. De la misma

---

Dante Alighieri (1265-1321)

Fue el primer teórico de la lengua literaria vernácula con su *De Vulgari Eloquentia*. Su obra maestra, el poema alegórico **La Divina Comedia**, es un colorido fresco de la naturaleza humana, lleno de fragmentos de la vida medieval. Dante relata su viaje al infierno, al purgatorio y al paraíso, donde se encuentra con multitud de difuntos, tanto condenados como bienaventurados, cuyos dolores, infelicidades o bienaventuranzas reflejan su conducta en la vida. Paralelamente a su actividad como escritor, Dante, partidario de los güelfos blancos (☞ *pág. 135*), participó activamente en la vida política de su ciudad, de la que fue prior en 1300. Exiliado en 1302 por sus adversarios, los güelfos negros, encabezó un vagabundeo por Italia hasta su muerte en Rávena.

época, los frescos de la galería superior, atribuidos a Giovanni di Consalvo, muestran escenas de la vida de San Benito.

Casa de Dante

Via Santa Margherita 1 - ☎ 055 219 416 - www.museocasadidante.it - de ma. a vi. de 10:00 a 17:00 h, sá. y do. de 10:00 a 18:00 h - 8 €.
En este barrio medieval se encontraba la casa Alighieri, pero no hay certeza de que Dante haya nacido aquí. El museo recorre la vida del poeta y presenta la creación de *La Divina Comedia* gracias a una reproducción ilustrada por Botticelli. Recuerda también su amor por Beatriz Portinari que, según la tradición, está enterrada en la cercana Iglesia de Santa Margarita de Cerchi.

Torre de la Castagna

En la esquina con la Plaza San Martino se encuentra el único vestigio (siglo XII) de la sede de los **Priores de las Artes**, antes de la construcción del Palacio de la Signoria. Representantes de las diversas y poderosas corporaciones florentinas, los Priores de las Artes formaron el gobierno de la ciudad.

Oratorio de Buonomini

Plaza San Martino dei Buonomini - www.buonominidisanmartino.it - de 10:00 a 12:00 h, de 15:00 a 17:00 h - cerrado los vi. por la mañana y los do. - gratis.
Delante de la torre se encuentra esta pequeña capilla perteneciente a la hermandad Buonomini de San Martino. En el interior, los luminosos frescos de finales del siglo XV, ejecutados por

Domenico Ghirlandaio desde su taller, ilustran la vida de San Martín y sus obras de misericordia.

Orsanmichele ★

Via dell'Arte della Lana - ☎ 055 06 49 450 - www.bargellomusei.beni cultural.it - museo: ma. de 9:30 a 11:50 h y sá. de 14:15 a 16:35 h - 2 €.
😊 Conciertos (☎ *pág. 108*).
Esta iglesia debe su nombre al antiguo oratorio de San Miguel (siglo VIII). La estructura fue demolida en el siglo XIII por una logia de almacenamiento de grano. Destruida por un incendio en 1304, la logia fue reconstruida en 1337 en un estilo de transición gótico, delicado y florido. Hasta el siglo XVI se siguieron guardando alimentos en su interior para evitar posibles hambrunas. En 1569, Cosme I instaló la oficina de Contratos en el primer piso e hizo construir un arco elevado entre el edificio y la corporación de Lanas que permitía el paso de uno a otro sin tener que cruzar el oratorio. Alrededor del edificio, están las estatuas de los santos patrones de los distintos gremios, creados por los grandes maestros de la escultura florentina, del siglo XV al XVI. El **tabernáculo★★** de estilo gótico, iniciado en 1349 por Andrea Orcagna, contiene la imagen de *Nuestra Señora de Gracia* de Bernardo Daddi (1346). A la izquierda, un altar alberga el grupo de mármol compuesto por Santa Ana, la Virgen y el Niño esculpido por Francesco da Sangallo (1526). El **museo** tiene capacidad para las **estatuas★** creadas por Ghiberti, Verrocchio, Donatello, Giambologna y Nanni di Banco.

23

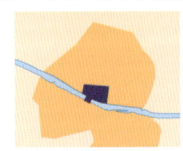

Plaza de la Signoria★★ y los Uffizi★★★

Entre la Plaza de la Signoria y el caprichoso curso del Arno se encuentra el legado más bello que nos dejaron los Medici. El suntuoso Palacio Vecchio y la Galería Uffizi, emblemas del poder político y artístico de esta gloriosa familia, atraen a turistas de todo el mundo deseosos de contemplar sus suntuosas decoraciones y sus excepcionales colecciones de arte.

Plano del barrio pág. 17. Mapa extraíble DE5.

▶ **Consejo:** la riqueza de las colecciones de la Galería Uffizi requiere al menos medio día para visitarla, teniendo en cuenta también la cantidad diaria de turistas y la longitud de la cola de espera. Recomendamos reservar la hora de entrada; gratis con la Firenze Card (◉ *pág. 127*).

◉ *Nuestras direcciones, págs. 85, 95, 101 y 111.*

Plaza de la Signoria★★

Centro político de Florencia, encerrada entre la admirable arquitectura del Palacio Vecchio, la Logia de la Signoria y el Palacio de los Uffizi, esta majestuosa plaza es un verdadero museo al aire libre. Hacia el centro se puede admirar la estatua ecuestre de Cosme I, obra de Giambologna, y, en la esquina del Palacio Vecchio, una Fuente de Neptuno (1576) de Ammannati, mientras que frente al palacio hay una copia del león *Marzocco* de Donatello y uno del *David* de Miguel Ángel.

Logia de la Signoria★★

Construida a finales del siglo XIV, sirvió como lugar de ceremonias del señorío, del gobierno de la ciudad, y más tarde como cuartel de los lanzi o lanzichenecchi (infantes alemanes que trabajaron en Francia como mercenarios) de Cosme I. Mención especial merecen las estatuas antiguas y renacentistas que allí se encuentran. *El rapto de las sabinas* (1583) y *Hércules y el centauro Neso* de Giambologna, pero sobre todo el extraordinario **Perseo★★★** con la cabeza de Medusa, ejecutada entre 1545 y 1553, expresión del talento de **Benvenuto Cellini**.

Palacio Vecchio (Palacio de la Signoria) ★★★

℘ 055 276 83 25 - cultura.comune.fi.it/musei - de abril a septiembre: de 9:00 a 23:00 h, ju. de 9:00 a 14:00 h; de octubre a marzo de 9:00 a 19:00 h, ju. de 9:00 a 14:00 h - 10 €, 14 € con la Torre Arnolfo.

El palacio, coronado por una elegante torre de 94 m de altura, domina la Plaza de la Signoria con su imponente mole. Construido entre 1299 y 1314, probablemente diseñado por el arquitecto Arnolfo di Cambio, este riguroso edificio de estilo gótico, sin aberturas en las plantas inferiores, está rodeado por una pasarela de vigilancia provista de un matacán, desde donde se eleva la torre.

Inicialmente sede del señorío, en el siglo XVI se convirtió en residencia de Cosme I, quien la adaptó a las necesidades de la corte. A la misma época pertenecen las decoraciones de **Vasari**, que trabajó allí como arquitecto, pintor y decorador desde 1555 hasta 1574, año de su muerte.

Interior - De estilo renacentista, contrasta en su esplendor y refinamiento con un exterior más austero. El **patio**★, renovado en el siglo XV por Michelozzo, fue decorado en el siglo siguiente por Vasari: en el centro hay una elegante fuente sobre la cual un genio alado sostiene un delfín (siglo XVI), copia de una obra de Verrocchio, cuyo original está en el interior del edificio. Las habitaciones están suntuosamente adornadas con esculturas de Benedetto y Giuliano da Maiano (siglo XV) y pinturas de Vasari y Bronzino (siglo XVI) que celebran la gloria de Florencia y los Medici.

En el primer piso el inmenso **Salón del Cinquecento**, pintado por varios artistas, entre ellos Vasari, conserva un grupo de mármol esculpido por Miguel Ángel, el *Genio de la Victoria*. Las paredes del magnífico **Studiolo**★★, gabinete de trabajo de Francesco de Medici, concebido por Vasari, fueron pintadas por **Bronzino**. La decoración

del apartamento de León X evoca algunos episodios de la historia de los Medici.

En el segundo piso se pueden visitar los apartamentos de Cosme I, llamados **Barrio de los Elementos** por las escenas alegóricas que embellecen la primera sala, cuyo tema es la mitología antigua. A continuación se encuentra el apartamento de Eleonora di Toledo, también decorado por Vasari, a excepción de la sala verde y la capilla, enriquecidas con frescos de Bronzino. Finalmente, en el apartamento de los Priores de las Artes, lo que hay que admirar sobre todo es el **Salón de los Lirios** con su espléndido artesonado de Giuliano da Maiano y el **Salón de mapas geográficos y del guardarropa**★, cubierto de mapas geográficos del siglo XVI.

Torre Arnolfo★ - *De abril a septiembre de 9:00 a 21:00 h, ju. de 9:00 a 14:00 h; de octubre a marzo de 9:00 a 17:00 h, ju. de 9:00 a 14:00 h - cerrado en caso de lluvia - 10 €, 14 € con el Palacio Vecchio. 223 escalones, subida no recomendada para quienes padecen enfermedades cardíacas o claustrofobia.*
La cima de la torre ofrece una hermosa perspectiva sobre los tejados de la ciudad.

Galería de los Uffizi ★★★

Piazzale degli Uffizi 6 - ☎ 055 23 885 - www.uffizi.firenze.it - todos los días, excepto lu. de 8:15 a 18:30 h - 20 € (12 € de noviembre a febrero), 38 € (18 € de noviembre a febrero) Passepartout - 5 días con el Palacio Pitti y el Jardín de Bóboli - Reserva de entrada 4 € (muy recomendable) llamando ☎ 055 29 48 83 o en la página web www.uffizi.firenze.it.

26

Botticelli y la Primavera

La escena de la *Primavera* está ambientada en el jardín de Venus. La diosa ocupa el centro de la composición, entre naranjos y setos de arrayanes. En la parte superior del cuadro, un Cupido con los ojos vendados vuela: su flecha se dirige hacia una de las tres Gracias, que baila con sus compañeras, ajena a su destino. A la izquierda, Mercurio ahuyenta las nubes con el caduceo. A la derecha, el viento Céfiro secuestra a la ninfa Cloris que, según el poeta Ovidio, se convirtió en la reina de las flores tras su matrimonio con Céfiro. Transformada en Flora, esparce rosas sobre el prado florido (☛ *El Renacimiento florentino, pág. 138*).

😊 Está prohibido introducir botellas de agua dentro del museo. Cafetería en el segundo piso.

La Galería de los Uffizi es uno de los museos más ricos del mundo. Sus colecciones, acumuladas a lo largo de varias generaciones de Medici, nos permiten seguir la evolución de la pintura italiana, desde los primitivos hasta los artistas del siglo XVIII. La primera colección fue la de Francesco I de Medici (1541-1587); en 1737, el último miembro de la familia, Anna Maria Luisa, donó definitivamente los prodigiosos tesoros de sus antepasados a la ciudad de Florencia. El museo ocupa el antiguo **Palacio de los Uffizi**, la oficina de administración de los Medici, construida en 1560 por Vasari en estilo renacentista tardío. Las obras de renovación de **Nuovi Uffizi** han duplicado el espacio expositivo del museo gracias a la ampliación del primer piso. La visita comienza en el segundo piso, dedicado en particular a la pintura toscana del siglo XIII al XV; luego se baja al primer piso, donde se pueden admirar artistas italianos y extranjeros de los siglos XVI al XVII, y el Gabinete de Dibujos y Grabados. Conectando las salas de exposición,

hay largas **galerías** con techos grotescamente decorados y adornados con **esculturas antiguas**.

Segunda planta - Los primitivos toscanos están representados por las obras de **Cimabue**, **Giotto** y **Simone Martini** (con una exquisita *Anunciación* del siglo XIV). La sección dedicada al **Renacimiento** empieza con **Paolo Uccello** y su famosa *Batalla de San Romano* (☛ *cuadro pág. 28*), **Filippo Lippi** (con la *Virgen con el Niño y dos ángeles*) y **Piero della Francesca** (*Los duques de Urbino Federico da Montefeltro y Battista Sforza*).

Las **obras de Botticelli**★★★ son uno de los orgullos del museo: las famosísimas alegorías del *Nacimiento de Venus* y de la *Primavera* son obras maestras de la madurez del artista (hacia 1480), que reflejan perfectamente los ideales del humanismo. La siguiente sala está dedicada a los **flamencos** Hugo van der Goes (*Tríptico Portinari*), Hans Memling y Roger Van Der Weyden. No te pierdas la espléndida **Tribuna**★★★ octogonal, cuya cúpula está finamente decorada con 6.000 conchas iridiscentes. En la época de los Medici albergaba las obras más importantes de su colección.

27

La batalla de San Romano

Este tríptico, realizado entre 1456 y 1460, representa la victoria de los florentinos sobre los sieneses en 1432. En esta escena de batalla, ordenada en composición geométrica, Paolo Uccello organizó el espacio según esa búsqueda de perspectiva que distingue a la pintura renacentista. Sin embargo, gracias a la técnica del escorzo, la reducción de algunos elementos (los soldados) a volúmenes simples y el uso inusual del color (el pelo rojo), el pintor dota a su obra de un carácter muy moderno y abstracto que parece anunciar, de lejos, el cubismo.

Después de varias salas dedicadas a las escuelas regionales (veneciana, emiliana, lombarda, etc.) se llega al ala oeste. A lo largo del recorrido se pueden admirar las magníficas **vistas** que se abren a las colinas y al Puente Vecchio.

La sala 35, que se beneficia de una nueva distribución, acoge las **obras★★★** de **Leonardo da Vinci**: el *Bautismo de Cristo*, realizado con su maestro Andrea del Verrocchio, la *Anunciación* (hacia 1472), de una dulzura extraña, y la inacabada *Adoración de los Reyes Magos*, que destaca por su originalidad gracias a la composición triangular y la expresividad de los rostros.

La sala 38 agrupa tres obras maestras del museo: la magnífica **Tondo Doni★★★**, la única pintura sobre soporte móvil que se puede atribuir con certeza a **Miguel Ángel** (1503), que representa una Sagrada Familia con jóvenes desnudos al fondo, la delicada **Virgen del jilguero★★** y los *Retratos de Agnolo Doni y Maddalena Strozzi* de **Rafael**.

Antes de bajar al primer piso, admira la encantadora **Sala Niobe**, decorada con pinturas de Rubens, y disfruta de un descanso en la hermosa **terraza★** de la cafetería con vistas a la Torre Arnolfo.

Primer piso - Catorce nuevas salas dedicadas a la **pintura del siglo** XVI, con obras maestras de las escuelas florentina, romana y emiliana, embellecen esta planta. Entre las obras destaca la sublime *Muerte de Adonis* de **Sebastiano del Piombo** (1512), un cuadro gravemente dañado en el atentado de 1993: la milagrosa restauración lo convirtió en el símbolo del renacimiento de los Uffizi. La siguiente sala alberga dos adquisiciones recientes del museo: *Elías en el desierto* (1543-1547) y la *Virgen con el Niño, San Juan y Santa Bárbara* (1548) por **Daniele da Volterra**. Un poco más adelante se expone por primera vez **Homero y el acertijo de los piojos** de Bartolomeo Passerotti (1529-1592), un cuadro del que se habían perdido vestigios, luego redescubierto y adquirido por los Uffizi. Después del famoso **Virgen de cuello largo** de Parmigianino, se pueden admirar las obras de **Dosso Dossi** como la *Alegoría de Hércules* y el excepcional **El niño San Juan Bautista** de Rosso Fiorentino, además de su famosísimo **Ángel músico**. A su lado, la **Virgen de las Arpías** de Andrea del Sarto está bellamente exhibido en una especie de altar de piedra, no lejos de la bella **Visitación** de Mariotto Albertinelli. Seguidas de las obras de Pontormo, Bachiacca y Granacci, así como de la colección de autorretratos originalmente expuesta en el Corredor Vasari. La sala 18 alberga pinturas de Giorgione y la sala 22 la **Venus de Urbino★★**, obra maestra de **Tiziano**. Por último, no te pierdas la impresionante *Judit decapita a Holofernes* de Artemisia Gentileschi y el claroscuro de **Caravaggio★★** (1571-1610): *Sacrificio de Isaac, La cabeza de Medusa* y *Baco*. La última sala reúne obras de **Rembrandt**, Rubens y Van Dyck.

Museo Galileo ★

Piazza Giudici 1 - ☎ 055 26 53 11 - www.museogalileo.it - de 9:30 a 18:00 h, ma. de 9:30 a 13:00 h - 10 €.

☺ Justo antes de entrar al museo, observa el monumental reloj de sol de bronce que indica la hora y la fecha. Instalado dentro del riguroso **Palacio Castellani**, que data del siglo XIV, este museo de aspecto moderno alberga una colección muy rica de instrumentos científicos antiguos, provenientes de las colecciones de los Medici y de los Grandes Duques de Habsburgo-Lorena, apasionados por la ciencia.

En el **primer piso**, entre otros, también se encuentran instrumentos para representar la bóveda celeste y medir el cielo, la tierra y el tiempo, de los siglos XVI y XVII. También es posible admirar una espectacular esfera creada entre 1588 y 1593. Aquí también se encuentran los instrumentos del físico y astrónomo pisano **Galileo Galilei** (1564-1642): la lente que le permitió descubrir, en 1609, los satélites de Júpiter, sus dos telescopios, la brújula proporcional, algunos aparatos experimentales y, en un relicario, el dedo corazón de su mano derecha. El segundo piso está dedicado a la medicina (encontrarás sorprendentes modelos de terracota utilizados en obstetricia), el nacimiento de la química, la popularización de la ciencia y el desarrollo de la industria de instrumentos científicos durante el siglo XIX.

Gucci Garden

Palacio de la Mercanzia - Piazza della Signoria 10 - ☎ 055 759 27 010 - www.guccimuseo.com - de 10:00 a 19:00 h - 8€.

Este espacio verdaderamente fascinante, concebido por el director creativo Alessandro Michele y comisariado por la crítica María Luisa Frisa, está dedicado a la marca creada en Florencia en 1921 por **Gucci** y adquirida por su hijo Rodolfo, antes de ser adquirida por el grupo Kering de François Pinault. El espacio expositivo de este «jardín» multisensorial, inaugurado en 2018, se compone de varias salas temáticas, renovadas dos veces al año, en las que se puede recorrer la historia de la casa. El espacio alberga una *boutique* con piezas únicas y el restaurante **Gucci Osteria** del chef estrella Massimo Bottura (☉ *Nuestras direcciones, pág. 86*).

Mercado Nuevo ★

Via Porta Rossa. Durante el siglo XVI, Cosme I mandó construir, en un barrio ocupado desde la Edad Media por el centro de negocios, esta **logia** con elegantes pórticos renacentistas. El nombre se le dio para distinguirlo del antiguo mercado medieval, destruido a finales del siglo XIX. El espacio ahora alberga un mercado de artesanía. En uno de los lados del edificio, el que da al

Arno, se encuentra la **Fuente Porcellino**, en realidad un jabalí de bronce, creado a principios del siglo XVII por Pietro Tacca, basándose en el modelo de una antigua escultura expuesta en los Uffizi. Los turistas arrojan una moneda en su interior expresando el deseo de regresar a Florencia.

Palacio Davanzati ★

Via di Porta Rossa 13 - 𝄞 *055 06 49 460 - www.bargellomusei. beniculturali.it - de ma. a ju. de 8:45 a 13: 30 h, de vi. a do. de 13:45 a 18:30 h - 6 €.*
Esta estrecha y alta residencia de tres plantas, construida en el siglo XIV por un rico comerciante de lanas, fue adquirida en el siglo XVI por el historiador Bernardo Davanzati. Restaurada a principios del siglo XX, la casa conserva espléndidos muebles, tapices, obras de arte y también objetos cotidianos de los siglos XIV, XV y XVI, en su mayoría procedentes del Bargello, ofreciendo al visitante una fiel visión de una rica residencia florentina del Renacimiento.

La casa se estructura alrededor de una hermosa **escalera** que da a un patio central. La decoración pictórica de las habitaciones evoca escenas de la vida familiar con porches y huertas de fondo. En el primer piso se encuentra el salón de honor, llamado Salón Madornale, y el **Salón de los loros★**, destinado a las comidas, cuyos frescos representan árboles y loros (de ahí el nombre). El palacio también alberga

S. Muylaert/Michelin

Puente Vecchio.

Una inundación memorable

Atravesada por el Arno, Florencia nunca está a salvo de violentas inundaciones, como lo demuestra la del 4 de noviembre de 1966. Ese día, de hecho, después de desbordarse más al norte, el río invadió las calles y las casas de la ciudad. Más de 100 000 florentinos tuvieron que refugiarse en los pisos superiores de sus casas o incluso en los tejados, y 15 000 vehículos fueron arrastrados por la corriente. En la Iglesia de Santa Croce, las tumbas de Galileo, Maquiavelo, Miguel Ángel y Rossini desaparecieron bajo más de cuatro metros de agua. En la Galería de los Uffizi el agua llegó hasta el tercer piso, mientras que en la Biblioteca Nacional más de un millón de manuscritos originales quedaron cubiertos por una capa de barro.

El mundo entero, solidario, se movilizó para ayudar en las primeras horas después del desastre. En Florencia, todos los talleres públicos de restauración se reunieron bajo los auspicios del Edificio de Pietre dure (☛ *pág. 45*), uno de los mejores institutos de restauración del mundo, para realizar esta colosal labor de protección del patrimonio artístico. Hoy, casi 60 años después, aunque todas las obras maestras se han salvado, todavía queda por restaurar un tercio de las obras menores. ¡Se estima que al final esta campaña de restauración habrá durado un siglo!

magníficas colecciones de **encajes** franceses, flamencos e italianos desde el siglo XVII al XIX.

En el segundo piso, la habitación reservada a la señora de la casa revela el árbol genealógico de la familia Davanzati. En la cocina, en el tercer piso, se exponen diversos objetos cotidianos.

Puente Vecchio ★★

Es el puente más antiguo de Florencia, reconstruido varias veces donde se estrecha el cauce del Arno. En 1944, fue el único puente que se salvó de los alemanes, que incluso destruyeron los antiguos barrios que lo rodeaban para impedir el acceso a las tropas estadounidenses. Por otro lado, sufrió daños provocados por las inundaciones de 1966 (☛ *cuadro de arriba*). El edificio actual, que data de 1345, debe su singular perfil a las tiendas de orfebrería que ocupan sus dos lados. Estas últimas

sustituyeron, en el siglo XVI, las curtidurías y las carnicerías a instancias del Gran Duque Fernando I, que consideraba estas actividades poco nobles.

Sobre el puente, el **Corredor Vasariano**, fue construido por Vasari para conectar el Palacio Vecchio con el Palacio Pitti cruzando el Arno. Cerrado a las visitas en 2016 por motivos de seguridad, volverá a ser accesible al público una vez finalizadas las obras de modernización, climatización e iluminación. El nuevo trazado pretende recuperar la función inicial de este pasaje utilizado por los Medici. Ya no albergará la colección de autorretratos de los Uffizi pero, gracias a la reapertura de sus 73 ventanas, permitirá volver a admirar el río y los tejados de la ciudad. El acceso se realizará a través de una entrada *ad hoc* en la planta baja de los Uffizi. *Información sobre fechas, horarios y reservas en www.uffizi.it/corridoio-vasariano*.

Alrededores de Santa María Novella★★

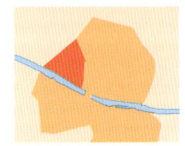

Al sur de la estación de tren, santuarios y edificios medievales se reúnen en intrincadas calles donde también hay cafés y tiendas de lujo. Tres iglesias con elocuentes frescos del siglo xv —Santa María Novella, Ognissanti y Santa Trinita—, verdaderos lugares de peregrinación tras las huellas de Ghirlandaio, delimitan las fronteras del barrio.

Plano del barrio pág. 34. Mapa extraíble CD4-5.

▶ **Consejo:** este barrio es la meca de las marcas de lujo de via dei Tornabuoni y de las galerías de arte de via de' Fossi y via Ognissanti. Tómate el tiempo para disfrutar de los agradables espacios del Palacio Strozzi.

⦿ *Nuestras direcciones, págs. 86, 95, 102, 108 y 111.*

Plaza Santa María Novella ★★

Esta hermosa plaza de forma irregular, diseñada en el siglo xiv, está rodeada por un lado por la iglesia y los claustros del convento dominicano de Santa María Novella y, por el otro, por los pórticos renacentistas de la logia de San Paolo del antiguo hospital de Leopoldine, que alberga el Museo Novecento (⦿ *pág. 35*). Desde la Edad Media fue escenario de fiestas y espectáculos.

Santa María Novella ★★

Piazza Santa Maria Novella 18 - ☎ 055 21 92 57 - www.smn.it - de 9:30 a 17:30 h, vi. de 11:00 a 17:30 h, do. de 12:00 o 13:00 a 17:30 h - cierra las 17:00 de octubre a marzo - 7,50 € (compra online).
Iniciado en 1279, el edificio de 100 m de largo no se completó hasta 1360. Su fachada, estampada de mármol blanco y verde, data de mediados del siglo xiv. En 1458, Leon Battista Alberti lo renovó utilizando formas geométricas simples como círculos y cuadrados, mezclando así el estilo renacentista con elementos góticos preexistentes.

Interior - En el muro del tercer tramo de la nave izquierda se puede admirar la **Trinidad★★ Masaccio**, una de las piedras angulares de la historia de la pintura: Dios Padre, Cristo y la Virgen, San Juan y los donantes aparecen sobre un fondo de La arquitectura de Brunelleschi en la que el pintor, adoptando las innovaciones estilísticas del Renacimiento, hace gala de una magistral técnica de la perspectiva. La nave central está dominada por el **Crucifijo★** creado por el joven **Giotto**,

SANTA MARÍA NOVELLA

0   100 m

V. Faenza

N

V. della Scala

V. Luigi Alamanni

V. Bernardo Rucellai

V. degli Orcellari

V. Il Prato

V. Montebello

V. Solferino

V. Palestro

V. Curtatone

V. Montebello

V. Palazzuolo

V. Valfonda

V. Fiume

V. Nazionale

SANTA MARÍA NOVELLA

Plaza de la Estación

Santa María Novella 🔟   V. Sant'Antonino

Plaza dell'Unità Italiana

V. Panzani

V. del Giglio

88 Taller Perfume-Farmacéutico de Santa María Novella

8

14   V. della Scala

Plaza S. María Novella

1

V. dei Banchi

Borgo Ognissanti

17 Museo Novecento

V. Palazzuolo

14   11   Plaza de los Antinori   6

18 Cenáculo de Ognissanti

Ognissanti   13

21

V. del Porcellana

58

Museo Marino Marini   11 Palacio Strozzi

Palacio Lenzi

Plaza Ognissanti

Borgo Ognissanti

7

64   15

13

9 Palacio Rucellai   Logia de los Rucellai   13

Lungarno Amerigo Vespucci

V. del Fossi

V. del Moro

Plaza Carlo Goldoni   16   17

Via de' Tornabuoni

Puente Amerigo Vespucci

ARNO

Plaza dei Nerli

V. S. Giovanni

V. Sant'Onofrio

Lungarno Soderini

Puente alla Carraia

Lungarno Corsini

S. Trinita   12

Museo Salvatore Ferragamo

Colección Roberto Casamonti

10

Borgo S. Frediano

Plaza del Carmine

V. dell'Orto

V. del Leone

V. Santo Spirito

Lungarno Guicciardini

Puente S. Trinita

34

DÓNDE COMER

Il Borro Tuscan Bistro	10
Procacci	11
Alimentari Mariano	12
Trattoria 13 Gobbi	13
Buca Mario	14
Ostaria dei Centopoveri	17
Sostanza	21
Il Latini	64
Belcore	88

DÓNDE BEBER

Antico Caffè del Moro	9

Shake Café	10
Lounge Bar Colle Bereto	13

COMPRAS

Richard Ginori	6
Dr Vranjes	7
Officina Profumo - Farmaceutica di Santa Maria Novella	8
Midinette	10
Bottega di Corte	11
Giotti Ceramiche	13

Dolce Forte	14
Mio Concept Store	15
Mario Luca Giusti	16
Il Bisonte	17
Faustini Arte	18

DÓNDE DORMIR

Hotel Nizza	1
Hotel Milù	11
Hotel Unicorno	58

en 1290. Al final del crucero izquierdo, extensos **frescos★** del Juicio Final (1357), del florentino Nardo di Cione, decoran la elevada Capilla Strozzi de Mantua; el extravagante **políptico★** que domina el altar se debe en cambio a su hermano, Andrea Orcagna. La **sacristía** alberga un elegante **tabernáculo★** de terracota vidriada, obra de Giovanni della Robbia. La **Capilla Gondi**, a la izquierda del altar mayor, alberga el famoso **Crucifijo★★** de madera de **Brunelleschi** (1410-1415), que sorprende por su elegancia y autenticidad: se dice que a Donatello, al verlo, se le cayeron los huevos que tenía en la mano. Los luminosos **frescos★★★** que representan la vida de la Virgen y San Juan Bautista, con los que **Ghirlandaio** decoró las paredes del coro en 1485, pintan un brillante retrato de la alta sociedad florentina durante el Renacimiento.

Claustros - El más bello, el **Claustro Verde★**, debe su nombre a los frescos que lo recubren, en los que el color dominante es el verde, realizados por Paolo Uccello y sus alumnos, hacia 1430. El acceso a este claustro se realiza desde el norte, en la **Capilla de los españoles**, **pintada al fresco★★** a finales del siglo XIV por Andrea di Bonaiuto. Los frescos, de complejo simbolismo, evocan el triunfo de la Iglesia y la obra de los dominicos. Los personajes representados ofrecen una instantánea de la alta sociedad florentina del siglo XIV: encontramos a Dante, Petrarca y Boccaccio con las mujeres que aman.

Al oeste, el refectorio alberga el **Museo de Santa María Novella**, donde es posible admirar piezas de orfebrería, relicarios y túnicas sacerdotales.

Museo Novecento

Piazza Santa Maria Novella 10 - 055 28 61 32 - www.museo novecento.it - de abril a septiembre: de 11:00 a 21:00 h; de octubre a marzo: de 11:00 a 20:00 h - ju. cerrado: 9,50 €.

En los agradables espacios del antiguo Hospital Leopoldine (siglos XIII-XV), este museo, que también alberga exposiciones temporales, expone en el segundo piso obras italianas de la primera mitad del siglo XX, agrupadas en secciones temáticas: el mundo del artista, los retratos, el universo femenino, los paisajes, etc. Entre los artistas representados: Mario Sironi, Felice Casorati, Carlo Levi, Marino Marini, Mario Mafai, Arturo Martini. El tercer piso está dedicado a las obras de Ottone Rosai.

Taller Perfume-Farmacéutico de Santa María Novella

Via della Scala 16 - ℘ 055 21 62 76 - www.smnovella.it - de 10:00 a 19:00 h - ☉ Nuestras direcciones, pág. 103. Fundada en 1221, cuando los dominicos se establecieron en Florencia, la farmacia (taller) vende especias desde principios del siglo XVII. La excepcional tienda ocupa una antigua **capilla** abovedada ojival, dedicada a San Nicolás, fechada en 1332 y redecorada en estilo neogótico en 1848. También es posible visitar el **museo**, que expone cerámicas, alambiques y utensilios de la antigua farmacia, y la sacristía, decorada con frescos con escenas que narran la Pasión de Cristo, alberga actualmente la biblioteca.

Museo Marino Marini ★

Piazza San Pancrazio - ℘ 055 219 432 - museomarinomarini.it - de sá. a lu. de 10:00 a 19:00 h - 6 €. La Iglesia de **San Pancrazio** actúa como telón de fondo de las obras del escultor y pintor toscano **Marino Marini** (1901-1980). El coro se ve realzado por el monumental grupo ecuestre *Aja*, inmerso en la luz natural que entra por el gran ventanal que reconstruye el ábside destruido. Esculturas, pinturas, dibujos y grabados muestran el interés del artista por la plasticidad desnuda y estática de las estatuas arcaicas. Los temas principales de sus obras son la mujer, el caballero y el guerrero.

Palacio Rucellai ★★

Via della Vigna Nuova 18: no está abierto a visitantes. Fue construido entre 1446 y 1451 por **Bernardo Rossellino**, basado en un diseño de Leon Battista Alberti, para Giovanni Rucellai, miembro de una importante familia florentina. Ofrece el primer ejemplo, procedente de la Antigüedad, de una fachada estructurada sobre la superposición de los tres órdenes clásicos: dórico, jónico y corintio. Al frente se encuentra la tradicional **logia**, que embellecía el hogar de todas las familias destacadas.

Palacio Strozzi ★★

Piazza degli Strozzi 1 - ℘ 055 26 45 155 - www.palazzostrozzi.org - de 10:00 a 20:00 h, ju. de 10:00 a 23:00 h - 15 €. Construido a finales del siglo XV por iniciativa del rico comerciante Filippo Strozzi, el último de los grandes palacios privados del Renacimiento sigue siendo una de las creaciones más bellas de la arquitectura civil de la época. El magnífico marco de piedra que lo rodea representa una verdadera proeza a nivel técnico, debido a su fuerte saliente y su considerable peso. El arquitecto Simone del Pollaiolo también concibió el noble y elegante **patio** (*de 8:00 a 23:00 h*), dotado de una logia abierta en el piso superior, que se ha convertido en una auténtica ágora para florentinos y turistas.

36

El palacio alberga las principales exposiciones de la ciudad y también el centro de la cultura contemporánea **Strozzina**, una encantadora cafetería y la tienda de arte **Ágora|z** *(de 10:00 a 20:00 h, ju. de 10:00 a 23:00 h).*

Via dei Tornabuoni

El «salón» de la ciudad, que conduce al puente de Santa Trinita (☉ *pág. 38*), es una sucesión de elegantes edificios y tiendas de lujo.

Santa Trinita ★

Piazza di Santa Trinita - de 7:00 a 12:00 h, de 16:00 a 19:00 h - gratis.
Construida en el siglo XIV (se pueden encontrar restos del edificio original en la fachada y en la cripta), la iglesia obtuvo su fachada manierista a finales del siglo XVI, obra del arquitecto **Bernardo Buontalenti**. El interior, sobrio y esbelto, es un buen ejemplo del debut del gótico en Florencia. La cuarta capilla de la nave derecha alberga un ciclo de frescos con las *Historias de la Virgen* de **Lorenzo Monaco** (1425). Las decoraciones de la **Capilla Sassetti★★** *(a la derecha del coro)*, creadas en 1483 por **Ghirlandaio**, parecen ser la obra más valiosa de la iglesia. Para contar episodios de la vida de San Francisco de Asís, el artista creó una galería de retratos de sus contemporáneos. Al fondo se reconoce el Palacio Vecchio, la Logia de la Signoria, la Iglesia de Santa Trinita de aspecto románico, Lorenzo el Magnífico y, arrodillados, los donantes Francesco Sassetti y su esposa, junto a la famosa *Adoración de los pastores* por Ghirlandaio (1485). Los dos descansan en magníficos sarcófagos de basalto.

Colección Roberto Casamonti

Piazza di Santa Trinita 1 - ☎ 055 60 20 30 - collectionrobertocasamonti.com - ♿ con acompañante - de mi. a do. de 11:15 a 19:00 h - 10 €.
El elegante Palacio Bartolini Salimbeni, construido en 1520 por Baccio d'Agnolo, es el escenario de la valiosa colección de arte moderno y contemporáneo de Roberto Casamonti. La exposición, organizada por orden cronológico, destaca a los principales artistas italianos e internacionales: Pablo Picasso, Paul Klee, Chaïm Soutine, Giacomo Balla, Lucio Fontana, Alberto Burri, Andy Warhol, Antoni Tàpies, Anish Kapoor, Bill Viola y Maurizio Cattelan, entre muchos.

Museo Salvatore Ferragamo

Plaza de Santa Trinita 5r - ☎ 055 35 62 846 - www.ferragamo.com/museo/it - de 10:30 a 19:30 h - 8 €.
En el segundo piso del **Palacio Spini Feroni**, el museo alberga una hermosa colección de zapatos que dieron fama a su creador **Salvatore Ferragamo** (1898-1960). El diseñador trabajó para Hollywood en los años 20, antes de regresar a Florencia en 1927, cubierto de gloria. Entre las piezas que componen la colección destacan una sandalia de encaje para Sofia Loren y un botín de terciopelo para Brigitte Bardot. Cada año, el museo selecciona un tema de investigación diferente, vinculado a la vida de Ferragamo, modificando la exposición.

Puente de Santa Trinita

El puente de tres arcos (1570), decorado con estatuas que

El Instituto Francés

Fundado en 1907 por iniciativa de Julien Luchaire, un joven profesor de italiano en la Universidad de Grenoble, fue el primero de los institutos franceses en el mundo. El **Palacio Lenzi**, sede del Instituto, fue diseñado en 1460 por Michelozzo. A pesar de haber sufrido algunos cambios a lo largo de los siglos, el edificio conserva una unidad arquitectónica excepcional. El Instituto posee una rica biblioteca con alrededor de 30 000 obras, pone a disposición de su consulta una colección de periódicos y publicaciones periódicas francesas y organiza eventos culturales, incluido un importante festival dedicado al cine francés.

◉ *Piazza Ognissanti 2 -* ☏ *055 27 18 81 - www.institutfrancais.it/firenze.*

representan las estaciones (1608), fue reconstruido idéntico al original después de la destrucción causada por los alemanes en 1944. Ofrece una hermosa vista del Puente Vecchio.

Borgo Ognissanti

Esta animada calle cuenta con numerosas galerías de arte y tiendas de anticuarios. Admira en el nº 26 la hermosa fachada *Art Nouveau* de una casa.

Ognissanti

Piazza Ognissanti 42 - todos los días, excepto los mi. por la mañana de 9:30 a 12:30 h y de 16:00 a 19:15 h, gratis.
Edificada en el siglo XIII, esta iglesia fue completamente reconstruida en el siglo XVII, a excepción de su campanario que data del siglo XIII-XIV. La fachada barroca está adornada con una terracota vidriada que representa la *Coronación de la Virgen*, salida del taller de Della Robbia. En el interior se pueden admirar dos frescos de Ghirlandaio: una *Deposición* y una *Virgen de la Misericordia* que protege a la familia del navegante florentino Amerigo Vespucci, cuya placa se

encuentra al pie del altar izquierdo. **Botticelli**, que descansa en el crucero derecho, bajo una placa de mármol con la inscripción Filipepi, es el autor de *San Agustín en su celda* en la nave derecha, que acompaña a *San Jerónimo en su estudio* de Ghirlandaio en la nave izquierda. En el crucero izquierdo se conserva un crucifijo de **Giotto**.

Cenáculo de Ognissanti ★

Entrada a la izquierda de la iglesia - ☏ *05528 67 00 - ju. de 14:00 a 18:00 h - gratis.*
Comparada con la de San Marco (anterior), *la Última Cena* de **Ghirlandaio** transmite mayor serenidad y naturalidad, gracias a una decoración más sobria y a las posturas más variadas de los apóstoles.
La Plaza Ognissanti también tiene vistas al **Palacio Lenzi**, un magnífico ejemplo de arquitectura del siglo XV, obra de Michelozzo, que alberga el **Instituto Francés** (◉ *cuadro de arriba*). Desde la plaza se puede acceder al **Lungarno Amerigo Vespucci** que ofrece la oportunidad de un romántico paseo al atardecer.

39

Alrededores de San Lorenzo★★

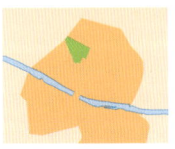

A pocos pasos del Mercado Central, todo olores y colores, se encuentra un mercado de ropa y marroquinería, al pie de la Basílica de San Lorenzo y del Palacio Medici Riccardi. La animación del mercado contrasta fuertemente con el silencio de la iglesia, obra maestra del primer Renacimiento, de la biblioteca de Miguel Ángel y de las Capillas de los Medici, capillas funerarias dedicadas a la ilustre dinastía de Florencia.

Plano del barrio pág. 42. **Mapa extraíble** DE3-4.

▶**Consejo:** tómate tiempo para pasear por el patio de comidas en el primer piso del Mercado Central.

ⓖ *Nuestras direcciones, págs. 87, 96, 103 y 111.*

Complejo de San Lorenzo ★★

Piazza San Lorenzo 9 - ℘ 055 21 40 42 - www.operamedicealaurenziana.org - de 10:00 a 17:00 h, do. de 1:30 a 17:00 h - 7 €, 8,50 € con la Biblioteca Medicea Laurenziana.

Iniciada hacia 1420 por **Brunelleschi**, la Basílica de San Lorenzo sirvió como parroquia para la familia Medici y, durante más de tres siglos, como tumba monumental. En el interior, rompiendo con el ímpetu sublime de las líneas y la ornamentación gótica, su creador inauguró un estilo mesurado que sentaría precedente: el equilibrio de los volúmenes responde a una geometría rigurosa; un juego de contrastes entre la piedra caliza gris de la pietra serena y el yeso blanco de las paredes subraya las formas geométricas de los elementos arquitectónicos; un artesonado decora la nave central; columnas y pilastras inspiradas en la antigüedad clásica se mezclan con arcos de medio punto románicos.

La iglesia alberga obras de gran valor: **El matrimonio de la Virgen★** de Rosso Fiorentino *(segunda capilla de la nave derecha)*, el **tabernáculo★** de Desiderio da Settignano, un relieve de mármol en forma de pequeño templo, los **dos púlpitos★★** de Donatello con notables paneles de bronce, la **Anunciación★** de Filippo Lippi (1440), interesante por la perspectiva de los pórticos y de los edificios *(Capilla Martelli, en el crucero izquierdo)*, y un fresco que representa el *Martirio de San Lorenzo* de Bronzino.

En el suelo, delante del altar mayor, se coloca una losa de mármol policromado en correspondencia con la **tumba de Cosme el Viejo**, obra de Verrocchio, en la cripta de abajo.

Sacristía antigua★★ - Expresando aquí por primera vez su ideal arquitectónico,

M. Jung/imageBROKER/age fotostock

Tumba de Lorenzo II de Medici en las Capillas de los Medici.

Brunelleschi articuló su proyecto en torno a una capilla cuadrada, cubierta por una cúpula semiesférica. **Donatello** lo decoró con un friso de querubines, círculos policromados y estupendas puertas **batientes**★ decoradas con 40 figuras de santos y apóstoles. También diseñó el altar y los marcos de mármol, trabajados como encajes.

Claustro de los Canónigos★★ - Este claustro, construido en 1462 por Antonio Manetti, alumno de Brunelleschi, dominaba las casas de los canónigos y las zonas comunes: refectorio, cocina, sala capitular. Las letras sobre las puertas distinguían los alojamientos.

Biblioteca Medicea Laurenciana★★ - *Primer piso*. Una de las principales colecciones de manuscritos (hoy alrededor de 11000) del mundo, fue encargada por el Papa Clemente VII de Medici para albergar la preciosa colección familiar. El proyecto fue confiado a **Miguel Ángel,** quien dirigió las obras entre 1523 y 1534. La biblioteca (a la que se puede acceder desde los claustros de la Basílica de San Lorenzo, de ahí el nombre Laurenziana), fue terminada en 1571 por Giorgio Vasari y Bartolomeo Ammannati, según los dibujos de Miguel Ángel. Desde el alto y estrecho vestíbulo, una majestuosa **escalera**★★ de tres tramos, diseñada por Miguel Ángel y creada por Ammannati, conduce a la gran **Sala de lectura**. Las obras se exponen de forma rotativa.

Museo del Tesoro de San Lorenzo - *Acceso desde el claustro.* El sótano,

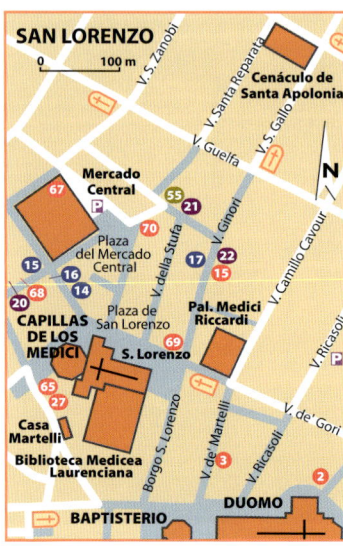

SAN LORENZO

DÓNDE COMER

l'Tosto	2
Eataly	3
La Ménagère	15
Cipolla Rossa	27
Trattoria lo Stracotto	65
Mercato Centrale	67
Palle d'Oro	68
Trattoria Gozzi	69
Trattoria Mario	70

DÓNDE BEBER

Casa del Vino	14
Fratelli Zanobini	15
Antica Pasticceria Sieni	16
La Gelatiera	17

COMPRAS

Il Cantuccio di San Lorenzo	20
DiVino	21
Melrose Vintage Store	22

DÓNDE DORMIR

Hotel Collodi	55

donde se exponen muebles litúrgicos y preciosos relicarios pertenecientes a la basílica, alberga la tumba de **Donatello**, que los Medici querían en su iglesia familiar, y la de **Cosme el Viejo**, incorporado al pilar subterráneo de la cripta que sostiene el suelo del presbiterio de la basílica.

Capillas de los Medici ★★★

Piazza della Madonna degli Aldobrandini 6 - ✆ 055 064 94 30 - www.bargellomusei.beniculturali.it - de 8:45 a 13:30 h, de mi. a vi. de 13:45 a 18:30 h - cerrado ma. - 9 €.
Incluyen la **cripta** con las tumbas de los Grandes Duques de Toscana pertenecientes a la familia Medici, la Capilla de los Príncipes y la Sacristía

Nueva de la Iglesia de San Lorenzo. Diseñada bajo Cosme I, la **Capilla de los Príncipes**, lugar de enterramiento de los Grandes Duques, no se construyó hasta principios del siglo XVII. Revestida de piedras semipreciosas y mármoles preciosos, adornada con escudos con incrustaciones de lapislázuli, coral y nácar, llama la atención por su aspecto fúnebre y grandioso. Inmersos en este espléndido entorno, los imponentes mausoleos de Cosme I y sus descendientes están construidos con granito de Oriente y jaspe verde de Córcega. Detrás del altar, también decorado con piedras semipreciosas, dos salas contienen relicarios, algunos de ellos de cristal de roca, del siglo X. La **Sacristía Nueva**, la primera obra arquitectónica de **Miguel Ángel**, es a todos los efectos una capilla funeraria, iniciada en 1520 y que el artista dejó inacabada debido a su partida de Florencia en 1534. Vasari y Ammannati la completaron más tarde. Utilizando el contraste entre el gris y el blanco y una nueva distribución de las decoraciones, Miguel Ángel organizó el espacio con una conmovedora solemnidad, para disponer las famosas **tumbas de los Medici**★★★ que él mismo esculpió: la de Giuliano de Medici, duque de Nemours (fallecido a los 35 años en 1516), representado como un emperador romano, rodeado de alegorías del Día y la Noche; el de Lorenzo II (fallecido a los 27 años en 1519), representado en meditación mientras el anochecer y el amanecer yacen a sus pies. De este conjunto excepcional surge una fuerza extraordinaria y una gravedad trágica. De la tumba destinada a Lorenzo el Magnífico solo se creó el valioso grupo de la **Virgen y el Niño**: el más famoso de los Medici reposa, junto con su hermano Giuliano, en el sencillo sarcófago que se encuentra debajo.

Palacio Medici Riccardi ★★

Via Cavour 3 - ☎ 055 276 03 40 - www.palazzomediciriccardi.it - todos los días, excepto los mi., de 9:00 a 19:00 h - 7 €.
En 1444, **Michelozzo** inició la construcción de este noble edificio, encargado por su amigo Cosme el Viejo. Construido alrededor de un patio porticado de forma cuadrada, representa un ejemplo clásico del Renacimiento florentino gracias a la geometría austera y a los enormes

G. Simeone/Simeone/Photononstop

Fresco de Benozzo Gozzoli en la Capilla de los Reyes Magos del Palacio Medici Riccardi.

sillares de la planta baja, que se van aclarando a medida que se asciende. Los Medici vivieron allí de 1459 a 1540 y Lorenzo el Magnífico celebró allí su corte de poetas, filósofos y artistas. En la segunda mitad del siglo XVII, el palacio pasó a manos de los Riccardi, quienes iniciaron importantes transformaciones.

Capilla de los Reyes Magos★★★
- Primera planta. Esta pequeña habitación, con un artesonado dorado y un suelo de mármol policromado, está adornada con valiosos **frescos**★★★ (1459) de **Benozzo Gozzoli**. Alumno de Beato Angelico, formado por Ghiberti en el arte de la orfebrería, Gozzoli creó una recreación pintoresca y brillante de la vida florentina sobre el tema de la

procesión de los Reyes Magos. Los miembros de la familia Medici se mezclan con personajes exóticos de Oriente con motivo del concilio de Florencia de 1439, que prestigió a la familia y a la ciudad. La procesión se destaca sobre un paisaje poblado de animales, escenas de caza, árboles esbeltos, rocas fantásticas y castillos erizados de torres. Entre los personajes reconocemos a Giuliano, hermano de Lorenzo, disfrazado de caballero del guepardo y, retratado como los Magos, el patriarca de Constantinopla, el emperador bizantino Juan VII Paleólogo, cubierto por un manto verde y dorado y, finalmente, Lorenzo el Magnífico niño, vestido con jubón beige y dorado. El artista también incluyó dos veces su autorretrato: una con un sombrero azul y blanco y otra con sombrero rojo.

Galería Luca Giordano (o también Galería de los Espejos) ★★ - *Primer piso.* Amueblada a finales del siglo XVII por los Riccardi, esta galería está suntuosamente decorada con estucos dorados, paneles esculpidos y grandes espejos pintados, pero su fama deriva de la bóveda cubierta por un fresco que representa la *Apoteosis de la dinastía Medici*, una composición barroca de singular frescura de colores, creada en 1683. La escena, enmarcada por motivos mitológicos, representa figuras arremolinadas que se elevan hacia el cielo entre nubes similares a bolas de algodón. En particular, destacamos la distribución de las manchas de color brillantes y los matices sutiles en los tonos suaves. El fresco es obra del pintor napolitano **Luca Giordano**.

Casa Martelli

Via Ferdinando Zannetti 8 - 📞 055 064 94 20 - www.bargello museo.beniculturali.it - solo visitas guiadas sá. a las 9, 10, 11 y 12 - sin reserva - presentarse 20 minutos antes - gratis.

Casa-museo entre San Lorenzo y Plaza del Duomo, perteneció a la familia Martelli, una de las familias florentinas más antiguas. Aquí vivieron varias generaciones hasta 1986, cuando la última heredera, Francesca Martinelli, dejó el palacio como regalo a la Curia florentina, que luego pasó a ser propiedad del Estado italiano. Se puede admirar, además de una valiosa colección de obras maestras —como la *Adoración del Niño* de Piero di Cosimo, los paneles nupciales de Beccafumi y los lienzos de Luca Giordano y Salvator Rosa—, un conjunto de muebles, tapices y antigüedades.

Mercado Central

www.mercatocentrale.it - de 10:00 a 00:00 h. El mercado más bello de Florencia, ubicado dentro de imponentes estructuras de vidrio y hierro diseñadas por Mengoni (1874), alberga puestos de productos frescos en la planta baja y tiendas de alimentación y zonas de restauración en el primer piso (𝒞 *Nuestras direcciones, pág. 87*) donde también se organizan eventos culinarios y cursos de cocina (𝒞 *pág. 123*). Alrededor del edificio hay multitud de tiendas que venden objetos y complementos de cuero, ropa y *souvenirs*.

Alrededores de San Marco★★

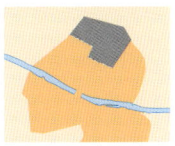

Al norte del centro, este tranquilo barrio atrae a turistas que vienen a admirar el famoso *David* de Miguel Ángel, conservado en la Galería de la Academia. Lejos de las multitudes, el Convento de San Marco, decorado con frescos de Fray Angélico, y la Plaza de la Santissima Annunziata, que muestra sus maravillas en un ambiente renacentista, invitan a la meditación.

Plano del barrio pág. 49. Mapa extraíble E3.

▶ **Consejo:** La Galería de la Academia es muy popular, reserva tu entrada con antelación (◉ *Información práctica, pág. 127).*
◉ *Nuestras direcciones, págs. 89, 103, 108 y 111.*

Leonardo Interactive Museum

Via dei Servi 66r - ☏ 055 28 29 66 - www.leonardointeractivemuseum.com - lu. de 9:30 a 17:30 h, de ma. a vi. de 10:00 a 18:00 h, sá. de 10:00 a 19:00 h, do. de 9:00 a 18:00 h - 8 €.
Este museo expone una cincuentena de máquinas, construidas según los dibujos de Leonardo da Vinci, que pueden manejarse para entender cómo funcionan. ¡Emocionante y divertido, apto para adultos y niños!

Edificio de Pietre dure ★

Via degli Alfani 78 - ☏ 055 26 511 - www.opificiodellepietredure.it - todos los días, excepto los do. de 8:15 a 14:00 h - 4 €.
El arte de trabajar las piedras semipreciosas, popular en la antigüedad, volvió a estar de moda en el siglo XV gracias a los Medici, en particular a Lorenzo el Magnífico, y dio

origen a un oficio que floreció durante tres siglos. El museo expone paneles destinados a vitrinas, mosaicos y relieves en pietras duras y blandas del siglo XVII: frutas, flores y pájaros son los principales motivos decorativos, según la propensión de los Medici al naturalismo. Se conservan aquí diez paneles, originalmente destinados a la Capilla de los Príncipes, que reproducen paisajes, dos de los cuales son de la Toscana, y escenas de la Biblia. El taller cuenta con una amplia gama de piedras, herramientas y bancos de trabajo de la época.

Galería de la Academia ★★★

Via Ricasoli 58-60 - ☏ 055 09 87 100 - www.galleriaaccademiafirenze.it - todos los días, excepto lu. de 9:00 a 18:45 h - 12 € - reserva obligatoria (+4 €) los fines de semana, muy recomendable entre semana: ☏ 055 29 48 83 (entre semana de 8:30 a 18:30 h; sá. de 8:30 a 12:30 h) - webshop.b-ticket.com o en las

El que derrotó al gigante Goliat

El *David* de Miguel Ángel simboliza la determinación de la joven República de Florencia de oponerse a sus poderosos enemigos. El héroe es representado con la honda en la mano, pero antes de la acción, todavía preocupado y carente de la serenidad y el orgullo de la victoria. El cuerpo, que descansa sobre la pierna derecha, sugiere la tensión provocada por la preparación para la pelea. Rompiendo con la tradición, el artista no dio al personaje la apariencia esbelta de un adolescente, sino la de un joven de poderosos músculos, cuya belleza evoca la de un antiguo Apolo.

taquillas de Firenze Musei en Orsanmichele y en la librería My Accademia (via Ricasoli 105r - de ma. a do. de 8:45 a 17:30 h).

El museo alberga el famoso *David* de **Miguel Ángel**, cuya copia en mármol adorna la Plaza de la Signoria desde 1873, pero también otras valiosas colecciones de esculturas y pinturas. La Sala del Coloso, presidida por el modelo en yeso del *Rapto de las Sabinas* de Giambologna, da acceso al pequeño **Museo de Instrumentos Musicales**, que conserva valiosas piezas antiguas recopiladas por Fernando III de Medici.

Galería de la Prisión ★★★ - Nos permite comprender los dilemas de Miguel Ángel, dividido entre la pesadez de lo material y la tentación de lo ideal. Las poderosas figuras de los **prisioneros**, creadas para el Mausoleo de Julio II en San Pietro in Vincoli en Roma, parecen querer escapar de su jaula de mármol. La **Piedad** de Palestrina, que muestra a un Cristo con un brazo y un tronco exageradamente desarrollados, refleja un perfecto conocimiento de la anatomía. Al fondo de la sala, dentro de un ábside construido expresamente para

acogerla, se encuentra el monumental **David**, admirable testimonio de la visión humanista del escultor (☀ *cuadro de arriba).* Miguel Ángel tenía solo 25 años cuando esculpió esta obra maestra a partir de un bloque de mármol considerado inutilizable.

Salón del Ottocento - Esta galería contiene modelos en yeso del siglo XIX, en particular de los talleres de Bartolini y Pampaloni.

Las otras salas de la planta baja exponen obras florentinas de los siglos XIII y XIV.

Pintura florentina 1370-1415 - Las salas del primer piso presentan una interesante exposición de la Florencia de finales del gótico: refinados retablos y pinturas con fondo dorado sobre las que destacan delicadas figuras.

Convento y Museo de San Marco ★★

Piazza San Marco 3 - ☎ 055 088 20 00 - www.polomusealetoscana.beniculturali.it - de 8:15 a 13:50 h, fines de semana de 8:15 a16:50 h - 8 €.

Construido por Michelozzo alrededor de 1436 en un estilo muy sencillo, este convento dominico alberga un museo con **frescos**★★★ de **Fray Angélico**. Este

A. Eastland/Alamy/hemis.fr

La imponente estatua del *David* de Miguel Ángel, Galería de la Academia.

monje pintor cubrió las paredes de sus celdas con escenas edificantes: el refinamiento de los colores y la pureza del dibujo confieren a su pintura la capacidad de levantar el ánimo. Serenidad y humildad caracterizan su arte, propicio a la meditación, legado de la tradición gótica (**⊙** *cuadro pág. 48*).

Salón del Hospicio - *A la derecha entrando al claustro.* Exhibe paneles de madera de Fray Angelico, incluido un tríptico que representa una Deposición y el elocuente **Juicio Final**, donde los rostros de los beatos expresan un misticismo conmovedor. El dorado utilizado en el arte gótico combina con las perspectivas del estilo renacentista.

Sala Capitular - *Galería frente a la entrada.* La Crucifixión, un gran fresco de Fray Angelico, cubre la pared principal.

Pequeño refectorio - *Entrada a la izquierda de la Sala Capitular.* El pequeño refectorio, que alberga la biblioteca, está decorado con una preciosa **Última Cena★** Ghirlandaio.

Primer piso: una obra maestra de equilibrio y sobriedad, una **Anunciación★★★** de Fray Angelico domina la escalera que conduce al primer piso. Allí, las celdas de los monjes se distribuyen a lo largo de tres pasillos con vigas vistas. En el pasillo derecho *(pasillo norte)* se encuentra la espaciosa **biblioteca★** de tres naves y bóveda de crucería,

Un talento raro y perfecto

Nacido en Vicchio, a unos treinta kilómetros de Florencia, **Fray Angelico** (hacia 1400-1455) pasó a formar parte de la orden Dominica, instalándose primero en el Convento de Fiesole y luego en el de San Marco en Florencia. Este modesto y talentoso monje, famoso por su arte en vida, fue beatificado más de 500 años después de su muerte, a finales del siglo XX. Serenidad, dulzura y humildad caracterizan su pintura. Muy apegado a la tradición gótica, de la que se inspiró para la estructura del tríptico, los fondos dorados y el estilo precioso de los miniaturistas, también se sintió atraído por los nuevos principios del Renacimiento, como la atención a la figura humana y la construcción en perspectiva.
Los grandes maestros, pág. 142.

48

una de las obras más armoniosas de Michelozzo, terminada en 1444. La mayoría de las **celdas** están pintadas con escenas bíblicas. Entre las composiciones más bellas destacan, en el corredor izquierdo *(corredor este)*, la *Aparición de Cristo a la Magdalena (primera celda a la izquierda)*, la *Transfiguración (sexta celda a la izquierda)* y la *Coronación de la Virgen (novena celda a la izquierda)*. Al final del corredor sur, se encuentran la celda y las reliquias de **Savonarola**, monje dominico que provocó la caída de los Medici (*pág. 136*).

Claustro del Scalzo

Via Cavour 69 - 055 536 56 40 - www.polomusealetoscana.beniculturali.it - temporalmente cerrado, pedir información - gratis.
En la intimidad de este pequeño claustro se desarrolla un ciclo de frescos de **Andrea del Sarto**, realizados con la técnica monocromática en un cálido tono amarillo ocre entre 1512 y 1524: de las doce escenas de la vida de San Juan Bautista, dos fueron creadas por su colaborador Franciabigio.

Cenáculo de Santa Apolonia ★

Via XXVII Aprile 1 - 055 29 06 56 - www.polomusealetoscana.beni cultural.it - de lu. a vi. y segundo y cuarto fin de semana del mes de 8:15 a 13:50 h - gratis.
El antiguo **refectorio** de las monjas camaldulenses está precedido por una pequeña sala que alberga algunas pinturas florentinas del siglo XV, entre ellas una *Crucifixión* de Paolo Schiavo y una *Virgen y el Niño con los santos* de Neri di Bicci, donde el niño curiosamente desliza su mano en el corpiño de la madre. El gran fresco con la **Última Cena★**, obra maestra de **Andrea del Castagno** (1450), cubre una de las paredes del refectorio: utilizando una iconografía innovadora, el artista pintó este episodio bíblico en una logia representada en perspectiva y abierta al frente; arriba, sobre un fondo paisajístico, se representan las escenas de la Resurrección, la Crucifixión y la Deposición. En la pared a la izquierda de la *Última Cena*, se puede admirar un hermoso fresco con la *Crucifixión* del mismo artista.

SAN MARCO

0   50 m

Claustro del Scalzo

Convento y Museo de San Marco

V. Santa Reparata

V. S. Gallo

V. della Dogana

V. Giorgio la Pira

V. Pier Antonio Micheli

Jardín botánico (Giardino dei Semplici)

Cenáculo de Santa Apolonia

V. degli Arazzieri

V. Camillo Cavour

V. S. Gallo

Plaza S. Marco

JARDÍN DE LA GHERARDESCA

V. Gino Capponi

V. Giuseppe Giusti

GALERÍA DE LA ACADEMIA

V. Cesare Battisti

Santissima Annunziata

V. Guelfa

V. degli Alfani

V. Ricasoli

Plaza de la Santissima Annunziata

V. Laura

V. della Colonna

Museo arqueológico

49

V. Camillo Cavour

V. Ricasoli

Opificio delle Pietre dure

V. dei Servi

V. dei Fibbiai

Hospital de los Inocentes - MUDI

V. degli Alfani

V. della Pergola

Leonardo Interactive Museum

Plaza Filippo Brunelleschi

DÓNDE COMER
Vineria Sonora 28
La Mescita 72
Forno Pugi 75

COMPRAS
Street Doing Vintage
  Couture 19
Farmacia SS. Annunziata 23

SALIR DE NOCHE
Kitsch II 17

DÓNDE DORMIR
Relais Il Campanile
  al Duomo 2
Antica Dimora Firenze 7

Jardín Botánico

Via Micheli 3 - ☏ 055 275 64 44 - www.msn.unifi.it - de lu. a ma. y ju. de 10:00 a 19:00 h; de octubre a marzo: solo fines de semana de 10:00 a 16:00 h - 6 €. Fundado en 1554 por Cosme I de Medici, es uno de los jardines botánicos más antiguos del mundo, que reúne más de 6.000 especies de diferentes orígenes.

Plaza de la Santissima Annunziata

Esta plaza, muy armoniosa, está rodeada en tres de sus lados por pórticos renacentistas. En el centro se encuentra una estatua ecuestre de bronce que representa a Ferdinando I de Medici, la última obra del **Giambologna**. La plaza ofrece una característica y popular **vista**★ de la cúpula de la catedral.

Santissima Annunziata ★

De 7:30 a 12:00 h, de 16:00 a 18:30 h - gratis. Construida en la plaza en 1250 por orden de los Siervos de María, fue reconstruida en el siglo xv en estilo renacentista por Michelozzo. Al frente, el patio porticado del siglo xv, llamado **Claustro de los Votos**, está decorado con un admirable ciclo de **frescos**★, en parte dedicados a la vida de la Virgen, obra de los grandes nombres de la pintura florentina del siglo xvi: **Andrea del Sarto**, **Ross Fiorentino** y **Pontormo**. **Interior** - En este entorno barroco, legado de una suntuosa renovación del siglo xvii, se erigió la capilla de mármol en forma de pequeño templo *(entrando por la izquierda)* para acoger la milagrosa imagen de *Madonna dell'Annunziata* que da nombre a la iglesia: según la leyenda, su autor se quedó dormido mientras pintaba la imagen, que luego fue completada por la intervención de un ángel. El **coro** de planta circular, alrededor de la cual se extienden nueve capillas, está coronada por una cúpula de proporciones impresionantes, en comparación con las del edificio. Desde la nave izquierda se accede al **Claustro Grande o de los Muertos**: en la puerta de entrada se encuentra el famoso fresco de **Andrea del Sarto**, la **Virgen del Saco**★ (1525), llamado así por el costal en el que se apoya San José.

Hospital de los Inocentes y Museo de los Inocentes ★ (MUDI)

Piazza della Santissima Annunziata 13 - ☏ 055 20 37 308 - www.museo deglinnocenti.it - todos los días, excepto el ma. de 11:00 a 18:00 h - 13 €. Al diseñar los proyectos de esta institución destinada a acoger a niños abandonados, el genio **Brunelleschi** abrió las puertas a las grandes realizaciones arquitectónicas del Renacimiento italiano. Construidos a principios del siglo xv, los edificios claros y geométricos están precedidos por un elegante **pórtico**★★ formado por nueve arcos de medio punto, sostenidos por finísimas columnas. En 1463, Andrea della Robbia decoró los arcos con un friso de **medallones**★★ con querubines, de exquisita frescura. El hospital cuenta con un rico patrimonio artístico expuesto en el **MUDI**, que incluye una *Coronación de la Virgen* de

Anna-Pakutina/Getty Images Plus

Hospital de los Inocentes.

Neri di Bicci (siglo xv), una *Sagrada Familia* de la escuela de Filippo Lippi, otra de **Botticelli** y una *Adoración de los Magos* de Ghirlandaio.

Museo Arqueológico ★

Piazza della Santissima Annunziata 9b - ☎ 055 23 575 - www.polomuseale toscana.beniculturali.it - de lu. a mi., sá. y primer do. de mes de 8:30 a 14:00 h, de ju. a vi. de 13:30 a 19:00 h - 8 €.
Alberga objetos y obras de arte de ciudades y necrópolis etruscas, pero también hallazgos egipcios, griegos y romanos. La planta baja está dedicada a las exposiciones temporales y a las **necrópolis etruscas** (Populonia, Vetulonia, Marsiliana d'Albegna). Destacan las espléndidas joyas como el

Fibula Corsini★. El primer piso alberga una de las obras maestras del museo, la **Quimera de Arezzo★★**, una escultura de bronce del siglo iv a. C. El segundo piso exhibe las colecciones etruscas, griegas y romanas, incluido el famoso **jarrón François ★★** de 565 a. C. Los numerosos fragmentos del artefacto fueron encontrados en una tumba en Chiusi en 1844 y recompuestos. La decoración, de exquisita finura, presenta escenas mitológicas centradas en la historia de Aquiles. En la misma planta, no te pierdas el **sarcófago de las Amazonas★**, un raro ejemplo de pintura sobre mármol del siglo iv a. C., y la magnífica **cabeza de caballo** de bronce (320 a. C.), que perteneció a Lorenzo el Magnífico.

VISITAR FLORENCIA

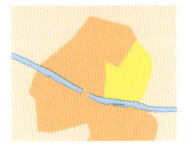

Alrededores de Santa Croce★★

Artesanos y comerciantes trabajan incansablemente alrededor de la Iglesia de Santa Croce, mientras que al norte el barrio cobra vida gracias a la multitud de restaurantes y cafés, los puestos del Mercado de Sant'Ambrogio en la Plaza Lorenzo Ghiberti y el pequeño mercadillo de la plaza cercana.

Plano del barrio pág. 53. Mapa extraíble EF4-5.

▶**Consejo:** merece la pena desviarse hasta el Mercado de Sant'Ambrogio. Puede ser una parada por la mañana entre una visita a la Iglesia de Santa Croce y el barrio.
☞ *Nuestras direcciones, págs. 89, 96, 104, 108 y 112.*

52

Plaza de Santa Croce★★

Una de las plazas más antiguas y nobles de la ciudad, conserva muchas de sus antiguas casas: en el nº 1, el **Palacio Serristori** fue construido en el siglo xv; en los números 21 y 22, el **Palacio dell'Antella**, de principios del siglo xvii, decorado con frescos, está flanqueado a la izquierda por una antigua casa con arcos ménsulas.

Santa Croce★★

Piazza di Santa Croce - acceso desde Largo Bargellini - ☎ 055 246 61 05 - www.santacroceopera.it - todos los días, excepto ma. de 9:30 a 17:30 h, do. de 13:00 a 17:30 h - 8 €.
Esta iglesia, construida a partir de 1295 según los diseños de Arnolfo di Cambio para la orden franciscana, data del siglo xiv, a excepción de la fachada neogótica y el campanario, construidos en el siglo xix. El **interior**, de gran dimensión (140 por 40 m) ya que estaba destinado a la predicación, incluye una gran nave y un ábside iluminado por hermosos ventanales del siglo xv. El suelo está cubierto con 276 lápidas alineadas a lo largo de las paredes, haciendo de esta iglesia un «panteón de glorias nacionales».
Nave izquierda - Aquí encontramos la tumba de Lorenzo Ghiberti, fallecido en 1455, y la de **Galileo**, fallecido en 1642. El monumento dedicado al humanista **Carlo Marsuppini★**, del siglo xv, hizo famoso a su autor, Desiderio da Settignano.
Crucero izquierdo - En la Capilla Bardi de Vernio *(reservada para la oración)* se encuentra el **Crucifijo★★** de madera policromada (1406-1408) de **Donatello**, que Brunelleschi quiso superar con el de Santa María Novella *(☞ pág. 32).*
Coro - Está cubierto de **frescos★** (1380) de Agnolo Gaddi que ilustran la *Leyenda de la verdadera cruz*.
Las capillas a la derecha del altar conservan **frescos★★** sobre la vida de San Francisco (Capilla Bardi), San Juan Bautista y San Juan Evangelista

SANTA CROCE

0   100 m

N

S. María Maddalena de Pazzi

Sinagoga

Biblioteca Oblate

V. della Pergola

Borgo Pinti

V. Fiesolana

V. dei Pepi

V. dei Pilastri

V. Luigi Carlo Farini

V. Giosuè Carducci

V. Sant'Egidio

V. dell' Oriuolo

V. di Mezzo

Plaza Gaetano Salvemini

Plaza Sant'Ambrogio

Borgo degli Albizi

Plaza Ciompi

V. Pietrapiana

Mercado de Sant'Ambrogio

V. dei Pandolfini

V. dell'Ulivo

Borgo Allegri

Plaza Lorenzo Ghiberti

V. Ghibellina

Casa Buonarroti

V. Giuseppe Verdi

V. Giovanni Da Verrazzano

V. dei Pepi

V. Ghibellina

V. dell'Agnolo

Via de' Macci

V. Torta

V. dell'Anguillara

Borgo dei Greci

V. S. Cristofano

Borgo Allegri

Plaza de Santa Croce

Basílica de Santa Croce

V. delle Brache

Museo de la Fondazione Horne

Corso dei Tintori

Borgo Santa Croce

V. A. Magliabechi

Capilla Pazzi

Lungarno delle Grazie

Plaza Cavalleggeri

Biblioteca Nacional Central

DÓNDE COMER

Del Fagioli 19
Cucina Torcicoda 20
Osteria del Caffè Italiano 22
Semel 29
Ciblèo 31
L'Ortone 32
Cibrèo Trattoria-
Ristorante e Caffè 77
Trippaio di Sant'Ambrogio 78

DÓNDE BEBER

Vivoli Il Gelato 18
Note di Vino 19
Ditta artigianale 21
Caffetteria delle Oblate 31

COMPRAS

Mercato delle Pulci 24
Maestri di Fabbrica 25
Cioccolateria Vestri 26
Mercato di Sant'Ambrogio . . 27
Tuorlo-Gabs 28
Sbigoli Terrecotte 29

Scuola del cuoio 30
Bottega Filistrucchi 31
Fly - Fashion Loves you 32

SALIR DE NOCHE

ETI - Teatro della Pergola 5
Moyo 6

Teatro del Sale 7
Teatro Verdi 8
Rex Café 9

DÓNDE DORMIR

Palazzo Galletti B&B 9
Plaza Hotel Lucchesi 12
Hotel Locanda Orchidea 16

(Capilla Peruzzi), realizada por Giotto hacia 1320.

Crucero derecho - En la Capilla Baroncelli, los **frescos★** de Taddeo Gaddi (1338) evocan la vida de la Virgen jugando con detalles pintorescos y un uso original de la luz; en el altar un **políptico★**, obra del taller de Giotto, ilustra la Coronación de la Virgen.

Sacristía★ - La hermosa sala del siglo XIV enriquecida por **frescos★**, incluyendo una *Crucifixión* de Taddeo Gaddi, sostiene el famoso **Crucifijo★** (c. 1288) por **Cimabue**: la obra, aunque gravemente dañada por la inundación de 1966 (*☾ cuadro pág. 31*), todavía revela un intenso drama, expresado por la flexión del cuerpo de Cristo. En la **Capilla Rinuccini**, Giovanni da Milano, pintor lombardo del siglo XIV, ilustró escenas de la vida de la Virgen y María Magdalena.

Capilla de los Medici: esta armoniosa capilla, construida en 1434 por **Michelozzo**, alberga un **retablo★** de terracota vidriada de Andrea della Robbia. El pasillo a la izquierda de la capilla conduce a la prestigiosa **Escuela del Cuero**, instalada en el monasterio desde hace algunas décadas (*☾ Nuestras direcciones, pág. 104*). *Regresa a la iglesia.*

Nave derecha - Contra el primer pilar, una elegante *Virgen de la leche* de Antonio Rossellino (siglo XV) domina la tumba de Francesco Nori, muerto durante la conspiración de los Pazzi; frente a ella se encuentra la tumba de **Miguel Ángel**, fallecido en 1564, diseñada por Vasari; delante del segundo pilar, el cenotafio de Dante, fallecido en 1321 y enterrado en

Rávena, data del siglo XIX; contra el tercer pilar, el hermoso **púlpito★** de mármol, esculpido por Benedetto da Maiano en 1476, representa escenas de la vida de San Francisco y las Virtudes en forma de elegantes estatuillas femeninas; frente al cuarto pilar se erigió un monumento dedicado al escritor Nicolás Maquiavelo, fallecido en 1527; frente al quinto pilar, Donatello creó el elegante altorrelieve de la **Anunciación Cavalcanti★★** en piedra serena y dorado; frente al sexto pilar se encuentra la tumba de **Leonardo Bruni★★**, humanista y canciller de la República, fallecido en 1444. Creada por Bernardo Rossellino a mediados del siglo XV, sirvió como ejemplo de arquitectura funeraria durante el Renacimiento italiano. Junto a ella se encuentra la tumba de **Rossini**, fallecido en 1868. *Sal al claustro para acceder a la Capilla Pazzi.*

Capilla Pazzi★★

Integrado en la iglesia, este pequeño edificio, una de las realizaciones más exquisitas atribuidas a **Brunelleschi**, fue construido para los Pazzi, los grandes rivales de los Medici. El artista trabajó allí hasta 1445, pero la capilla no se completó hasta 1460, mucho después de su muerte en 1446. En el interior, Brunelleschi llevó a la perfección su ideal arquitectónico, ya expresado anteriormente en San Lorenzo (*☾ pág. 40*): planta cuadrada, cúpula central con nervaduras, elementos arquitectónicos remarcados por el gris de la piedra serena que contrasta con el blanco del yeso. Un friso de querubines y corderos místicos, junto con los medallones de

54

terracota de Luca della Robbia, añaden una nota vivaz a esta sobria armonía.
Gran claustro - *Entrada al final del primer claustro, a la derecha.* Muy grande y de elegantes proporciones, fue diseñado por Brunelleschi, poco antes de su muerte, y terminado en 1453. Algunos círculos, probablemente realizados por Bernardo Rossellino, decoran las enjutas de los arcos, sobre los cuales se extiende una galería abierta, sostenida por esbeltas columnas.
Museo de la Ópera de Santa Croce - El antiguo refectorio de los franciscanos, una sala noble con ventanas apuntadas y vigas vistas, conserva una estatua de bronce de Donatello, frescos separados que datan de los siglos XIV y XV, uno de ellos de Orcagna y, al final, un Cenáculo coronado por una genealogía de los franciscanos, obra de Taddeo Gaddi. Las otras salas del museo reúnen obras dañadas por la inundación de 1966 y devueltas al museo tras ser restauradas (Alessandro Allori, Agnolo Bronzino).

Biblioteca Nacional Central

Entre la Santa Croce y el Arno se levanta el imponente edificio de estilo ecléctico (1911) de la Biblioteca Nacional Central, que, como la de Roma, recibe un ejemplar de cualquier publicación impresa en Italia.

Museo de la Fundación Horne

Via dei Benci 6 - ℘ 055 244 661 - www.museohorne.it - temporalmente cerrado por obras de adaptación y ampliación.

Insertado en el interior del Palacio Corsi, restaurado por el coleccionista inglés **Herbert Percy Horne** (1864-1916), este museo permite revivir la atmósfera de una casa florentina del Renacimiento. Alberga muebles, cerámicas, creaciones de orfebrería y objetos cotidianos que datan de los siglos XIV, XV y XVI. Entre las obras de arte expuestas destacan el bajorrelieve de la *Virgen con el Niño* de Sansovino, el *San Esteban* de Giotto y las numerosas pinturas de artistas italianos: Dosso Dossi, Masaccio, Filippino Lippi y muchos otros.

Casa Buonarroti ★

Via Ghibellina 70 - ℘ 055 24 17 52 - www.casabuonarroti.it - todos los días, excepto el ma. de 10:00 a 16:30 h - 8 €.
En marzo de 1508, **Miguel Ángel** compró un grupo de casas a partir de las cuales desarrolló un proyecto para reunirlas en una sola residencia. El edificio, cedido a la ciudad de Florencia en 1858 por el último descendiente de los Buonarroti, contiene los recuerdos de la familia pero sobre todo las colecciones reunidas por el bisnieto del maestro, también llamado Miguel Ángel.
En el primer piso se encuentran las obras del artista: el relieve de mármol que recuerda la **Batalla de los Centauros** (1490-1492), la famosa **Virgen de la escalera** (1490), otro relieve que ejecutó cuando, a los quince años, tenía un invitado de Lorenzo el Magnífico, y el gran modelo de una estatua de un dios del río, prevista para una de las dos tumbas de los Medici en San Lorenzo. La **galería** decorada por Miguel Ángel

Buonarroti el Joven rinde homenaje, a través de la pintura, a su famoso antepasado.

Mercado de Sant'Ambrogio

A través de **via de' Macci**, repleta de comercios (pescaderías, delicatessen, ebanistas, enmarcadores, etc.), y via Mino se llega a la **Plaza Lorenzo Ghiberti** que alberga el mercado cubierto de Sant'Ambrogio, el centro de la vida del barrio (*Nuestras direcciones, págs. 89 y 104*).

Sinagoga

Via Farini 6 - 055 234 66 54 - www.firenzebraica.it/sinagoga - de junio a septiembre de 10:00 a 18:30 h, vi. de 10:00 a 17:00 h; de octubre a mayo de 10:00 a 17:30 h, vi. de 10:00 a 15:00 h - sá. cerrado - 6,50 €.

Construido en 1882, siguiendo el modelo bizantino de Santa Sofía de Constantinopla, tiene planta de cruz griega rematada por una cúpula de bronce. El interior de la sinagoga presenta una rica decoración árabe y un púlpito inspirado en la arquitectura cristiana. El mobiliario procede en parte de dos sinagogas del antiguo gueto, que se encontraba cerca de la actual Plaza de la Reppublica. Los judíos florentinos vivieron allí desde 1517 hasta 1848.

Un pequeño museo expone objetos sagrados y recuerda la historia de la comunidad judía de la ciudad.

Sala Perugino ★ (Santa María Magdalena de Pazzi)

Via della Colonna 9 (accesible desde la entrada del liceo Michelangelo, sala a la izquierda) - 055 28 88 03 - www.polomusealetoscana.beniculturali.it - vi. de 14:30 a 17:30 h, los días de apertura escolar - gratis.

Entre 1493 y 1496, en la sala capitular del convento de la Iglesia de Santa María Magdalena de Pazzi, **Perugino** realizó el fresco que representa la **Crucifixión★**. Dividida en tres partes inscritas en los arcos de la sala, la composición representa, de izquierda a derecha, a San Bernardo y la Virgen, María Magdalena al pie de la cruz, San Juan y San Benito. Un paisaje evocador, inspirado en el lago Trasimeno de Umbría, bañado por una delicada luz matutina, lo unifica todo.

Murate

Mapa extraíble F5. *Piazza delle Murate, acceso desde via Ghibellina 1-16, via dell'Agnolo 1 y viale della Giovine Italia - 380 418 4949 - www.lemurate.comune.fi.it - abierto todos los días.*

El antiguo Monasterio de Murate, que se convirtió en prisión hasta 1985, es hoy un centro cultural dinámico que apoya y promueve el arte contemporáneo en todas sus formas. Los edificios que lo componen se desarrollan alrededor de una serie de patios y albergan una librería, algunos espacios expositivos y un café literario (*Nuestras direcciones pág. 96*).

Palacio Pitti★★ y los Jardines de Bóboli★

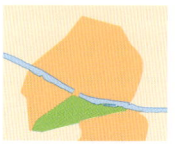

Al sur del Arno y del Puente Vecchio, la influencia de los Medici se extiende hasta el Palacio Pitti, suntuosa residencia principesca que alberga las obras de grandes pintores como Tiziano, Rafael y Andrea del Sarto. A su alrededor se extienden los Jardines de Bóboli, un verdadero canto artístico a la naturaleza.

Plano del barrio pág. 63. Mapa extraíble DE6.

▶**Consejo:** llegando desde el río, el paseo más agradable es entrar al Jardín Bardini por via dei Bardi, y luego cruzar el Jardín de Bóboli hasta llegar al Palacio Pitti *(acceso cerrado en el momento de escribir esta guía).*
⚘ *Nuestras direcciones, págs. 90, 98, 106 y 109.*

Palacio Pitti ★★

Piazza de' Pitti - www.uffizi.it/ palazzo-pitti - todos los días, excepto lu. de 8:15 a 18:30 h - 16 € (10 € de noviembre a febrero), 38 € (18 € de noviembre a febrero) Passepartout - 5 días con la Galería de los Uffizi y Jardines de Bóboli.

Este enorme palacio renacentista del siglo XV domina y encierra una plaza inclinada por tres lados. Solo los poderosos y degradantes sillares atenúan la masiva arquitectura, rompiendo su unidad. El palacio fue construido según un diseño de Brunelleschi para una familia rival de los Medici, los Pitti. Sin embargo, en 1549, la esposa de Cosme I de Medici, Eleonora di Toledo, lo compró y lo amplió, dándole las dimensiones de un palacio principesco, donde se instaló la corte en 1560. En el siglo XVII, el edificio central superaba los 200 m de largo. Las dos alas laterales datan del siglo XVIII. El palacio, de extraordinaria opulencia, alberga hoy museos y galerías de arte.

Galería Palatina★★★

Primer piso, acceso desde la escalera Ammannati (esquina del patio, a la derecha de la entrada) - ☎ 055 29 48 83.
☺ Dispón de una visita de 2 horas; de lo contrario, céntrate en las salas 27-32. Alberga una colección de obras de arte de los siglos XVI a XVIII, incluido un conjunto de pinturas que sitúan al Palacio Pitti entre las pinacotecas más ilustres del mundo. La ruta de visita también permite admirar los magníficos **salones**★★ pintados al fresco por **Pietro da Cortona**.
La **Sala Prometeo**★ (nº 17) alberga obras notables de **Botticelli** (*Retrato de una joven*), Luca Signorelli (*Sagrada Familia*) y **Filippo Lippi** (*La Virgen con el Niño e historias de la vida de Santa Ana*). Tras el Baño de Napoleón llegamos a la **Sala de la Educación de**

59

Tres obras maestras de Rafael

La **Madona del gran duque**, que el Gran Duque Fernando III amaba tanto que nunca se separó de ella, fue pintada alrededor de 1505 en Florencia, donde Rafael quedó fascinado por Miguel Ángel y Leonardo da Vinci; de este último ha conservado la técnica del contorno impreciso o «sfumato». Desde el resplandor de los tonos rubios, el rostro tierno y sereno de la Virgen, y la dulzura que emana del cuadro encontramos también reminiscencias de Perugino, que fue el maestro del artista.

La **Virgen de la silla** fue interpretada un poco más tarde, en el momento de máximo esplendor de su carrera: aquí emplea una paleta más sutil y variada, la serena dulzura del rostro, la gracia de la actitud, el misticismo que caracteriza sus escenas religiosas, se asocia a un poder en las formas y en la construcción, acentuado por el efecto de la composición inscrita en una ronda, que está influenciada por Miguel Ángel.

Para crear su famosa **La Velada**, Rafael utilizó, de manera virtuosa, una amplia gama de tonos marrones, dorados y blancos; la fluidez del diseño, la armonía creada por la opulencia de los volúmenes y la abundancia de líneas curvas, la hinchazón iridiscente del tejido la convierten en una obra maestra. Quizás la modelo fue la famosa Fornarina, amada por el pintor.

Júpiter (nº 24), que alberga el *Cupido durmiendo* de **Caravaggio**, un cuadro datado entre 1608 y 1609 en el que se representa la figura de un pequeño Cupido dormido. La **Sala della Stufa★★** (nº 25) está admirablemente pintada al fresco por **Pietro da Cortona** (1637), que representó las edades del hombre (oro, plata, bronce y hierro) refiriéndose a los escritos del poeta griego Hesíodo. Las **Salas de la Ilíada** (nº 27), de **Saturno** (nº 28) y de **Júpiter** (nº 29) albergan un conjunto de pinturas prodigiosas de **Rafael★★★**, entre ellas *La Mujer embarazada*, la *Madona del gran duque*, el *Retrato de Tommaso Inghirami conocido como «Fedra»*, la *Virgen del baldaquino*, la *Virgen de la silla* y *La Velada* (☛ cuadro de arriba). También en la Sala Júpiter se puede admirar el enigmático cuadro *Las Tres Edades del Hombre* de

Giorgione. Las **Salas de Apolo** (nº 31) y **Venus** (nº 32) contienen algunas de las pinturas más bellas de **Tiziano★★★**: *Magdalena penitente*; el *Concierto,* obra de su juventud, en la que el artista expresa con admirable sensibilidad la tensión interior que anima al personaje central; el *Retrato de Pietro Aretino*, escritor y amigo de Cosme I, pintado en 1545 con pequeñas pinceladas y colores cálidos; por último, el elegante *Retrato de una dama («La Bella»)*, pintado hacia 1563 para el duque de Urbino, cuya tez dorada contrasta con el suntuoso vestido en tonos marrones y azul verdosos.

Apartamentos Reales★

Primer piso, después de la Galería Palatina.
Decoradas con diferentes colores y tapizadas en seda o con frescos, las habitaciones, que se extienden desde el centro de la fachada hasta el final del

ala derecha, sirvieron a la vez de salas de gala y de apartamentos privados para las tres familias que reinaron en Toscana: los Medici, los Habsburgo-Lorena y los soberanos de Italia, los Saboya, cuando Florencia se convirtió en capital de 1865 a 1870 (*pág. 137*).

Galería de Arte Moderno★

Segundo piso. Reúne obras de los siglos XIX y XX, divididas por corriente o temática: neoclasicismo, romanticismo, purismo, pintura de historia, pintura de género, retratos y paisajes. El grupo **Macchiaioli**, del que la galería alberga un conjunto excepcional de **obras★★**, marca el periodo comprendido entre 1860 y 1871. Nacido en Florencia a mediados del siglo XIX, este movimiento supuso una renovación impresionista de la fría pintura académica.

Capilla Palatina y Museo de iconos rusos

Planta baja. El museo expone 78 iconos prestigiosos recopilados por los Medici y, especialmente, por los Habsburgo-Lorena entre los siglos XVI y XVIII. Es la colección más grande y antigua de este tipo fuera de Rusia. Al lado, la gran sala que formaba parte de los apartamentos de verano de Cosme III y Margarita Luisa de Orleans fue transformada en 1766, por orden del Gran Duque Pedro Leopoldo de Habsburgo-Lorena, en la Capilla Palatina (la última restauración es de 2021). Aquí se pueden admirar los frescos profanos, originalmente pintados por Jacopo Chiavistelli, que Vincenzo Meucci transformó en temas religiosos con algunos retoques. Posteriormente Luigi Ademollo (1764-1849) pintó las paredes con frescos con episodios del Antiguo y Nuevo Testamento. El altar fue realizado por Santi Pacini (1735-1800) con elementos de la Basílica de San Lorenzo.

Museo de la Moda y el Traje★

Pabellón de la Meridiana - Segundo piso. Ofrece una visión de la historia de la moda de los siglos XVIII al XX con exposiciones temáticas que destacan las colecciones de ropa, zapatos, ropa de cama y accesorios del museo. Aquí descubrirás la **ropa funeraria★** de Leonora de Toledo y su marido Cosme I, y de uno de sus hijos, Garzia, muerto de malaria a los 15 años, reconstruidos a partir de los bordes encontrados en sus tumbas.

Tesoro de los Grandes Duques (antes conocido como Museo de la Plata)★★

Planta baja y entresuelo, acceso desde el Patio Ammannati. Ubicadas en un ala del Palacio Pitti, las preciosas colecciones se componen principalmente de tesoros de las familias Medici y Habsburgo-Lorena. Las piezas proceden en gran parte de talleres florentinos, pero también de Alemania y Austria. Las **salas★**, amuebladas para invitados importantes, exhiben jarrones antiguos, marfiles, joyas de los siglos XVI y XVII, vajillas de oro y plata dorada y objetos exóticos, como la mitra mexicana hecha con plumas de ave del siglo XVI. Entre las curiosidades dignas de mención: un frasco de lapislázuli, la famosa **taza** de Diana de Poitiers en cristal de roca y la obra realizada por un escultor del siglo XVI sobre un hueso

de cerezo, para observar con lupa *(entresuelo, Sala de Joyería)*.

Jardín de Bóboli ★

Acceso desde el Patio Ammannati - ☎ 055 238 87 36 - www.uffizi.it/ giardino-Bóboli - de 8:15 a 17:30 h - 10 € con el Museo de la Porcelana y el Jardín de Villa Bardini (6 € de noviembre a febrero), 38 € (del 18 noviembre a febrero) Passepartout - 5 días con la Galería de los Uffizi y el Palacio Pitti.

En 1549, Cosme I de Medici encargó al arquitecto, escultor y paisajista Niccolò Pericoli, conocido como **Tribolo**, transformar la colina que se extendía detrás del Palacio Pitti en inmensos jardines; este último, junto con el Patio Ammannati y la terraza que lo domina, debería haber sido el escenario de las suntuosas fiestas organizadas por los Grandes Duques. Lamentablemente Tribolo murió al año siguiente y apenas tuvo tiempo de dibujar los proyectos. Le sucedió **Ammannati** en 1550 y luego **Buontalenti** en 1583, quienes

embellecieron el proyecto inicial. El resultado es un hermoso ejemplo de jardín en terrazas italiano: lleno de perspectivas, rampas, escaleras, plataformas y adornado con estatuas y fuentes. En el claro central del parque se encuentra el **anfiteatro**, construido en el siglo XVII, donde se realizaban suntuosos espectáculos. El **Viottolone★**, una larga y majestuosa avenida bordeada de pinos y cipreses centenarios, conduce a la encantadora **Plaza del Isolotto★**, caracterizada por un lago artificial adornado de estatuas, con una pequeña isla en el centro en la que se cultivan naranjas y limones. También en el islote triunfa la Fuente del Océano, esculpida por **Giambologna** en 1576, que representa a Neptuno de pie, mientras que los otros tres personajes simbolizan otros ríos. Más arriba, en la cúspide del anfiteatro, **la cuenca de Neptuno** está decorada con una estatua de bronce (siglo XVI) del dios del mar. En lo alto de esta zona se alza la estatua de *la Abundancia*, obra de

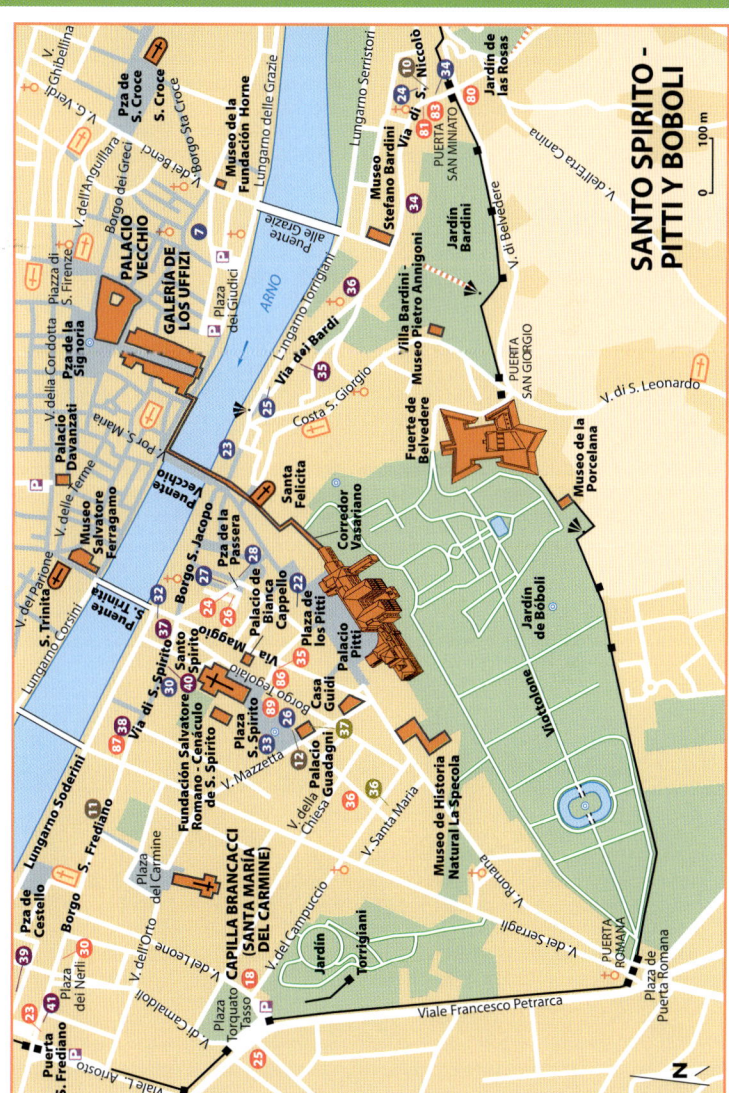

63

Giambologna y el florentino Pietro Tacca. Bajando por la avenida noreste de la colina, el Pabellón **Kaffeehaus**, construido en 1776 según un diseño de Zanobi del Rosso, es un raro ejemplo de arquitectura rococó en la Toscana. Cerca de una salida del jardín se encuentra la pequeña **Fuente Bacchino**, donde el grotesco personaje montado en una tortuga tiene los rasgos de uno de los enanos de la corte de Cosme I. **Museo de la Porcelana**★ - ☎ *055 238 87 09 - de 8:15 a 18:30 h- incluido en la entrada de los Jardines de Bóboli.* Ubicado en el encantador Pabellón de los Caballeros (siglo XVII) y precedido por un jardín en terrazas, expone numerosas piezas de los siglos XVIII y XIX realizadas en las fábricas de Sèvres, Doccia (cerca de Florencia), Augarten (en Austria), Meissen, Frankenthal y Augsburgo (en Alemania).

Santa Felicita

Piazza Santa Felicita - todos los días, excepto los do. de 9:30 a 12:30 h y de 15:30 a 17:30 h.
El edificio actual fue reconstruido en el siglo XVII sobre el lugar de culto más antiguo de Florencia. La contrafachada tiene un escenario que comunica con el Corredor Vasariano, desde donde los Grandes Duques asistían a misa. En el interior, en la capilla de la derecha diseñada por Brunelleschi (principios del siglo XV) alberga el **Descendimiento**★★ de **Pontormo**, de tonos claros y ácidos que viran al rosa y con formas sinuosas y alargadas, características del manierismo toscano. Destaca el fresco de la *Anunciación*, del mismo artista.

Jardín Bardini ★

Via dei Bardi 1r y Costa San Giorgio 2 - ☎ 055 26 38 599 - www.villabardini.it - jardín: de 10:00 a 18:00 h (16 de octubre a abril), 6 €; 10€ con el Jardín de Bóboli.
Esta magnífica terraza verde ofrece un **mirador**★★ sobre el corazón medieval de la ciudad y el valle del Arno. Cuatro encantadoras hectáreas, distribuidas según el gusto de los propietarios que se sucedieron hasta Stefano Bardini (principios del siglo XX), «se desarrollan» colina abajo. A lo largo de avenidas y escaleras hay una rosaleda, esculturas antiguas inspiradas en la mitología, colecciones florales, pequeños huertos, un invernadero de limoneros, un jardín italiano, un bosque inglés, etc.
La **villa**, que cuenta con exposiciones

La Gran Cueva o Cueva Buontalenti

Esta fantástica creación fue encargada por el Gran Duque Francisco I y realizada principalmente por Buontalenti entre 1583 y 1593. Sus salas atestiguan la fascinación que ejercía lo grotesco en el siglo XVI, escenificando las fuerzas creadoras y destructoras de la naturaleza: lavabos, estatuas (incluida una Venus de Giambologna, bajo una decoración floral y engañosa), pinturas con temas mitológicos (firmadas por Bernardino Poccetti), estalactitas, rocas que simulan carneros, cabras, pastores. Los nichos de la fachada están ocupados por dos estatuas de Apolo y Cleopatra, de Baccio Bandinelli. Durante un tiempo, una multitud de elementos acuáticos animaban el interior de la cueva.

temporales, alberga el **Museo Pietro Annigoni**, que lleva el nombre del pintor y diseñador milanés (1910-1988) conocido en los años sesenta por sus retratos de personajes famosos de la época *(todos los días, excepto lu. de 10:00 a 18:00 h - 10€ exposición + museo)*.

Museo Stefano Bardini ★

Via dei Renai 37 - ☏ 055 234 24 27 - cultura.comune.fi.it/musei - De vi. a lu. de 11:00 a 17:00 h - 7 €.
Dentro de un palacio neorrenacentista del siglo XIX, este museo fue fundado por Stefano Bardini, un reputado anticuario que legó a la ciudad en 1922 una serie de colecciones dispuestas con esmero y elegancia, claro testimonio de su gusto ecléctico: esculturas, estucos, pinturas, bronces, alfombras persas (siglos XVI y XVII), tapices del siglo XVIII de fábricas florentinas, cerámicas, instrumentos musicales antiguos. La casa en sí fue construida con elementos reciclados (vestiduras de altar, jambas de puertas renacentistas, etc.), incluido un artesonado del siglo XV, decorado con zarcillos plateados sobre fondo azul *(hab. 16)*. Las obras expuestas incluyen un grupo de la *Caridad* de **Tino di Camaino**, uno de los más grandes escultores del siglo XIV, un retablo de terracota vidriada del taller de **Andrea della Robbia**, un exquisito relieve *(Virgen con Niño)* en terracota policromada de **Donatello** y a *San Miguel Arcángel luchando contra el dragón* de **Antonio Pollaiolo**, pintor del siglo XV, conocido por su estilo dinámico.

Fuerte de Belvedere

Via San Leonardo 1 - ☏ 055 21 77 04 - cultura.comune.fi.it/musei - de ma. a do. de 10:00 a 19:00 h, espacios exteriores gratuitos; de ma. a do. de 10:00 a 20:00 h, 10 € exposición en el interior del edificio.
La fortaleza y la elegante villa situada encima fueron construidas a finales del siglo XVI, según un diseño de Buontalenti, para los Medici, que querían garantizar la defensa de su palacio y tener un lugar acogedor en el que refugiarse en caso de disturbios. Desde lo alto de las colinas se puede disfrutar de un espléndido **panorama★★**, que inspiró a numerosos pintores. Por un lado, la vista domina la ciudad, por el otro abarca la famosa campiña toscana: colinas coronadas por una torre, una villa, un palacio fortificado, inmensos olivares y las siluetas oscuras y definidas de los cipreses.

Museo de Historia Natural La Specola ★

Via Romana 17 - acceso por las escaleras abajo a la izquierda - ☏ 055 275 64 44 - www.msn.unifi.it - temporalmente cerrado por obras de remodelación, solicitar información.
Fundado en 1775, este museo debe su nombre al observatorio astronómico (specola) que el Gran Duque Pietro Leopoldo instaló en la torre, donde también se encontraba la estación meteorológica de Florencia. Hoy ofrece una importante colección de zoología, *(salas I a XXIV)* y numerosos **modelos anatómicos en cera** *(salas XXV a XXXIII)* de sorprendente realismo, creados por Clemente Susini.

65

Alrededores de Santo Spirito★

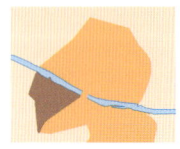

La visita a las Iglesias de Santo Spirito y Santa María del Carmine, diseñadas por personajes destacados del Renacimiento, también te ofrecerá una excusa para pasear un poco por esta zona: las estrechas calles llenas de tiendas de artesanos, anticuarios, bares, tabernas y vestigios históricos son una característica del Oltrarno, el margen izquierdo con un aspecto un tanto provinciano, que se extiende al sur del corazón medieval de la ciudad.

Plano del barrio pág. 63. Mapa extraíble CD5-6.

▶**Consejo**: para descubrir el barrio, da un agradable paseo desde Borgo San Jacopo hasta via Maggio, pasando por Borgo San Frediano y haciendo una pausa en la agradable Plaza de la Passera.

ⓒ *Nuestras direcciones, págs. 92, 99, 107, 109 y 112.*

66

Plaza Santo Spirito

Cerrada al norte por la basílica del mismo nombre, la hermosa plaza está animada durante el día por un mercado. Sus bares y tabernas lo convierten en el punto de encuentro de los jóvenes de la ciudad. La espléndida logia (1503) del **Palacio Guadagni★** se atribuye a Baccio d'Agnolo o al arquitecto del Palacio Strozzi, el Cronaca.

Santo Spirito ★

Piazza Santo Spirito 30 - www.basilica santospirito.it - de 10:00 a 13:00 h, de 15:00 a 18:00 h, do. de 11:30 a 13:30 h, de 15:00 a 18:00 h - cerrado mi. - 2 €.

😊 Solo se pueden visitar los primeros tramos de la basílica y la sacristía. La basílica renacentista, al final de la Plaza Santo Spirito, fue diseñada por **Brunelleschi**. Su construcción, que duró de 1444 a 1487, sufrió algunas variaciones respecto a los planos originales del maestro, fallecido en 1446. Aunque no se ajusta a los diseños de Brunelleschi, la fachada enlucida y el lado derecho, dividido en tres pisos, no están exentos de una cierta armonía. La solemnidad del interior contrasta con la sencillez del exterior. Encontramos el bicolor de piedra serena y el blanco, así como la geometría de San Lorenzo (ⓒ *pág. 40*); aquí, sin embargo, los arcos de la nave, sostenidos por magníficas columnas monolíticas con capiteles corintios, se extienden alrededor del crucero y la cabecera de la cruz, creando múltiples perspectivas y resaltando el efecto de unidad arquitectónica. 38 pequeñas capillas de medio punto, a las que se accede a través de arcos de la misma altura que la nave, recorren el perímetro del edificio, dando la impresión de una iglesia muy espaciosa. Además, acogen un gran número de **obras de arte★**. Desde la nave izquierda se accede a la muy noble **sacristía**, diseñada en 1489 por Giuliano da Sangallo, y precedida por un imponente vestíbulo con columnas y bóveda de cañón, decorada con casetones tallados (1495). En el centro de la sacristía se encuentra el conmovedor **crucifijo de madera★★** (1493) de **Miguel Ángel**, donde Cristo, completamente desnudo, parece pequeño y vulnerable en comparación con el tamaño de la sala. El artista lo donó a la iglesia como agradecimiento al prior por haberle permitido realizar una serie de autopsias útiles para sus estudios de anatomía en el hospital. En el altar de la sacristía, el cuadro de Allori representa a *El milagro de San Fiacro*.

Desde el vestíbulo de la sacristía se accede al Claustro de los Difuntos.

Fundación Salvatore Romano - Cenáculo del Santo Spirito

Piazza Santo Spirito 29 - ☏ 055 287 043 - cultura.comune.fi.it/musei - de vi. a lu. de 11:00 a 17:00 h - 7 € con el Museo Stefano Bardini.

Una de las paredes de la hermosa sala gótica con vigas vistas, refectorio del antiguo convento de los frailes ermitaños de Sant'Agostino adyacente a la iglesia, está cubierta por una gran Crucifixión que data hacia 1360 y se

K. Kozlowski/imageBROKER/age fotostock

Plaza Santo Spirito.

atribuye a Andrea Orcagna y Nardo di Cione, al igual que los restos del Cenáculo de abajo. Entre las obras expuestas, donadas a la ciudad por el anticuario Salvatore Romano, destacan esculturas que van del prerrománico al barroco, incluido un bajorrelieve de Donatello que representa a San Máximo.

Via Maggio

Esta hermosa calle está repleta de tiendas de artesanías, galerías de arte y tiendas de antigüedades. Llegando desde Plaza Santo Spirito, se suceden a la derecha el **Palacio Ricasoli Firidolfi** (nº 7), el **Palacio Martellini** (nº 9) y el **Palacio Michelozzi** (nº 11); a la izquierda, sin embargo, se encuentra el **Palacio de Bianca Cappello★** (nº 26), obra de Buontalenti, llamado así por el nombre de una cortesana veneciana, segunda esposa de Francisco I. Al final de la calle, Casa Guidi fue la residencia de Robert Browning (poeta y dramaturgo británico, 1812-1889) y su esposa Elizabeth Barret Browning, poeta y ensayista británica (1806-1861; *Piazza San Felice 8 - ☎ 055 35 44 57 - de abril a noviembre: lu. mi. y vi. de 15:00 a 18:00 h - gratis).*

Capilla Brancacci ★★★ - Santa María del Carmine

Piazza del Carmine 14 - ☎ 055 276 82 24 - cultura.comune.fi.it/musei - lu. y de vi. a sá. de 10:00 a 17:00 h, do. de 13:00 a 17:00 h - 10 € - reserva obligatoria debido a la restauración de los frescos. 😊 La capilla está accesible durante la reconstrucción, lo que brinda a los visitantes la rara oportunidad de subir al andamio y observar los frescos de cerca. La visita está limitada a 10 personas a la vez, durante un máximo de 30 minutos.

La Basílica de **Santa María del Carmine** debe su fama a los extraordinarios **frescos★★★** de una capilla: la obra, realizada por tres artistas (entre ellos Masaccio, alumno de Masolino), ilustra el pecado original y la vida de San Pedro, tema este último que sin duda evoca la conexión política entre Florencia y el pontífice máximo.

Frescos de Masolino da Panicale - Masolino fue el primer pintor encargado, en 1424, de decorar la capilla de la familia Brancacci, comerciantes de sedas. Con un espíritu todavía gótico, como lo demuestra su visión pacífica y serena, el artista representó: la *Tentación de Adán y Eva*, la *Curación del tullido y la resurrección de Tabita* y la *Predicación de San Pedro.*

Frescos de Masaccio - El pintor creó un conjunto considerado una de las máximas expresiones de la pintura italiana. En su célebre representación de la **Expulsión de los antepasados del Edén**, dejando de lado cualquier idealización, expresa intensamente vergüenza y desesperación. La iluminación, las zonas de sombra que oscurecen algunas partes del cuerpo y del rostro dan a los personajes una dimensión increíblemente realista. Al lado, el **Pago del Tributo** retrata figuras vigorosas y de solemne gravedad. La escena, reducida a unos pocos elementos esenciales, se desarrolla a las puertas de Cafarnaún y cuenta tres episodios: la petición del tributo a Jesús y los apóstoles, la pesca de Pedro y el pago del tributo. Destacan también *El bautismo de los neófitos* en el registro medio, mientras que en el registro inferior: *Reparto de limosna y muerte de Ananías*, *San Pedro cura a los enfermos con su sombra* y *Resurrección del Hijo de Teófilo y San Pedro en la cátedra*. **Frescos de Filippino Lippi** - Fue este último, en 1481, quien terminó la decoración de la capilla, que quedó inacabada tras la muerte de Masaccio en 1428. En el registro inferior pintó, con un estilo elegante, la vida de San Pedro: la visita de San Pablo en su prisión de Antioquía, la resurrección del prefecto de Antioquía, el santo liberado por un ángel cuando fue encarcelado por segunda vez en Jerusalén, la aparición ante Agripa y la crucifixión.

De Borgo San Frediano a Borgo San Jacopo

Al oeste del Puente Vecchio, a lo largo del Arno, se encuentra un barrio histórico tradicional y tranquilo, salpicado de tiendas de artesanía, marroquinería y tiendas que venden productos regionales. **Borgo San Frediano**, hogar de artesanos, anticuarios y comerciantes de segunda mano, termina en la **Puerta de San Frediano**: construida por Andrea

Pisano, esta puerta con puertas monumental unía las tierras de Pisa con las de Florencia. Por la misma puerta partió el ejército florentino para dirigirse hacia sus conquistas. A lo largo de **via di Santo Spirito** se exhiben bellamente edificios de tres a cinco plantas, ocupados por pequeños talleres de talladores, doradores y enmarcadores. En **Borgo San Jacopo**, más animado y salpicado de tabernas y cafés, destacan la Torre dei Marsili, del siglo XII, cuya puerta está coronada por una Anunciación, encerrada entre dos hornacinas, y la Torre dei Belfredelli, una torre cuadrada construida también en el siglo XII. Una fuente de mármol marca la esquina de Borgo San Jacopo y via dello Sprone con via Maggio.
La Plaza de la Passera, en el cruce entre via dello Sprone, via Toscanella y via de' Vellutini, es el lugar ideal para disfrutar de una pausa para tomar café.

Jardín Torrigiani

Via dei Serragli 144 - ✆ 055 22 45 27 - www.giardinotorrigiani.it - visitas solo con reserva: info@giardinotorrigiani.it. Este magnífico parque de 7 hectáreas es el jardín urbano privado más grande de Europa. Creado en el siglo XVI, hoy alberga algunas esculturas y una torre neogótica en sus románticas avenidas.

Caminar entre las colinas★★

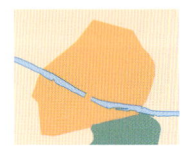

Entre 1865 y 1870, el arquitecto Giuseppe Poggi, encargado del embellecimiento de la ciudad, creó un recorrido formado por tres avenidas llamadas Michelangelo, Galileo y Maquiavelo. Un recorrido verdaderamente panorámico, el camino serpentea entre colinas, lujosas propiedades y dos hileras de pinos y cipreses.

▶**Cómo llegar:** el paseo se puede realizar a pie (unas 2 horas y media) o en autobús. En Ponte alle Grazie toma el autobús nº 13 que llega a Piazzale Michelangelo. Desde allí hay unos 500 m de caminata hasta llegar a San Miniato. Autobús nº 12 (salida de Santa María Novella), pasa por San Miniato y llega a Piazzale Michelangelo.

Mapa extraíble F6-8.

▶**Consejo:** para apreciar mejor la belleza de los colores y evitar las olas de calor en verano, planifica esta excursión al principio o al final del día.

Plaza de Michelangelo

Acceso: desde via del Monte alle Croci, toma las escaleras de via San Salvatore al Monte y luego viale Galileo.

😊 Antes de llegar a la plaza se cruza el **Jardín de las Rosas** (la floración empieza desde principios de mayo hasta mediados de junio).

Desde esta amplia plaza se abre ante ti una magnífica **vista★★** de la ciudad, con las siluetas de los Apeninos al fondo: de derecha a izquierda se reconoce Santa Croce, un poco más a la izquierda la cúpula de la catedral y el campanario, la Torre del Bargello y el campanario de la Badia , finalmente Palacio Vecchio y Puente Vecchio . En el centro de la plaza se encuentra un monumento (1875) dedicado a la memoria de Miguel Ángel.

San Miniato al Monte ★★

Via del Monte alle Croci - ☎ 055 234 27 31 - www.sanminiatoalmonte.it - de 9:30 a 13:00 h, de 15:00 a 19:00 h, do.

La leyenda de San Miniato

Víctima de las persecuciones ordenadas en 250 por el emperador Decio, Miniato —probablemente toscano y de origen modesto pero que la creencia popular transformó en rey armenio— escapó milagrosamente de varias condenas a muerte; decapitado, cruzó el Arno con la cabeza entre las manos y fue a morir a la colina, entonces llamada Mons Florentinus, donde había vivido como ermitaño.

de 8:15 a 13:00 h, de 15 a 19:00 h - gratis.
Desde el 27 de abril de 2018 hasta abril de 2019 se celebró el milésimo aniversario de la fundación de San Miniato al Monte. Construida en un **lugar** espléndido, en las alturas de Florencia, la iglesia depende de un monasterio benedictino, todavía activo, fundado aquí en el siglo XI en memoria de **San Miniato** (↻ *cuadro pág. 70).* Es uno de los mejores ejemplos del románico florentino, está precedido por una amplia escalera rodeada por un bonito cementerio. A partir de aquí se revela un paisaje que parece sacado de un cuadro, con una colina que alberga el Jardín de Bóboli.
Exterior - La **fachada** del siglo XII, de excepcional elegancia, recuerda el baptisterio de la Plaza del Duomo por el revestimiento geométrico de mármol verde y blanco, los arcos de medio punto y la pequeña ventana con frontón triangular. La parte superior está decorada con un mosaico del siglo XIII *(Cristo entre la Virgen y San Miniato),* ahora restaurado. En lo alto del techo triangular se encuentra un águila posada sobre un ovillo de lana, símbolo del gremio de comerciantes (o Calimala), que administró el santuario durante mucho tiempo. A la izquierda, el campanario inacabado del siglo XVI construido por Baccio d'Agnolo.
Interior - Aquí también reina la armoniosa combinación de verde y blanco. La planta es de tipo basilical, con planta rectangular que remata en hemiciclo. El edificio incluye un coro elevado sobre la cripta. Una viga de madera, pintada en el siglo XIV, cruza la nave central, apoyada sobre pilares de mármol verde. El suelo del siglo XIII está compuesto por incrustaciones de mármol blanco y negro.
La pequeña **Capilla del Crucifijo**, que ocupa el centro de la nave, fue construida en 1447 por orden de Pedro I de Medici, según diseños de Michelozzo. Los cofres de terracota esmaltada que decoran la bóveda, similares a los del Bargello, son obra de Luca della Robbia. A finales del siglo XIV, Agnolo Gaddi pintó el retablo sobre el altar: en el centro del cuadro aparece San Minato, vestido de rojo.
En la nave izquierda, la **Capilla del cardenal de Portugal★** (1461-1466), diseñada por un alumno de Brunelleschi, alberga la tumba de Jaime de Lusitania, arzobispo de Lisboa y sobrino del rey de Portugal, que murió en Florencia en 1459. Esta obra fue creada en 1461 por el escultor **Antonio Rossellino**. La bóveda de la capilla está cubierta con terracotas vidriadas de Luca della Robbia, que ilustran, con una hermosa armonía de tonos azules, las virtudes cardinales y la paloma del Espíritu Santo. El retablo es una copia del original de Pollaiolo, ahora expuesto en la Galería de los Uffizi.
El **púlpito** se apoya sobre el recinto del coro, con el que forma un valioso **conjunto★★** con incrustaciones de mármol blanco, verde y rosa, data de principios del siglo XIII. El **ábside** está decorado con un mosaico de finales del siglo XIII, que representa a Cristo bendiciendo, entre la Virgen y San Miniato. La **cripta** alberga los restos de San Miniato.
En la sacristía, algunos **frescos★** del siglo XIV, inspiradas en Giotto, representan la leyenda de San Benito.

72

Fuera del centro histórico

A pie o en autobús, ¿por qué no explorar los alrededores del centro histórico? Lejos de las multitudes de visitantes, dos excursiones fuera de la ciudad ofrecen agradables sorpresas. Al norte, a partir de Santa María Novella, una villa-museo de 1906 expone de forma excepcional la colección de armaduras de un erudito del siglo XIX. Al este, más allá del barrio de Santa Croce, el antiguo refectorio de un monasterio alberga un maravilloso cenáculo, tan realista como conmovedor.

▶ **Cómo llegar:** se puede llegar al **Museo Stibbert** con el autobús nº 4, estación Santa María Novella, parada Gioia. Solo tardarás otros 5 minutos a pie en llegar a tu destino.
Para llegar al **cenáculo de San Salvi**, al este de la ciudad, tienes dos opciones: a pie, desde Piazza Beccaria (al este de Borgo Croce **G5**), toma via Vincenzo Gioberti, luego gira a la izquierda y cruza el paso elevado de Affrico y, finalmente, gira a la derecha por via Tito Speri (1,5 km, unos 20 minutos); con el autobús nº 6 que sale de la estación Santa María Novella o con el nº 20 desde viale Giacomo Matteotti (**F2**), parada de Amicis.
Plano de los alrededores pág. 79. Mapa extraíble Fuera del mapa desde E1 y H4.

Museo Stibbert ★

Mapa fuera de E1 o plano de los alrededores pág. 79 B2 *Via Federigo Stibbert 26 - ☎ 055 47 55 20 - www.museostibbert.it - de 10:00 a 14:00 h, de vi. a do. de 10:00 a 18:00 h - ju. cerrado - 8 €.*
A la entrada de un pequeño parque sombreado, la Villa Stibbert, construida en el siglo XIX, alberga las grandes colecciones de arte reunidas por un héroe de Garibaldi, el angloitaliano Federico Stibbert (1838-1906): armas y armaduras, esculturas, pinturas, muebles, cerámica, tapices, bordados, adornos, disfraces, etc., procedentes de diferentes lugares y épocas, desde el Renacimiento hasta el siglo XIX. De esta profusión de objetos expuestos en las 57 habitaciones de la villa, destacan: en la entrada, una mesa de malaquita y bronce dorado realizada por Pierre-Philippe Thomire para Jerónimo Bonaparte, rey de Westfalia; recuerdos de la época napoleónica, incluido el vestido ceremonial que usó Napoleón cuando fue coronado rey de Italia y el sable de Murat; tapices flamencos de los siglos XVI y XVII; una pintura de la Virgen y el Niño *(habitación 32)*, atribuido durante mucho tiempo a Botticelli; trajes venecianos del siglo XVIII pero, sobre todo, cientos de **armaduras antiguas★★**: toscanas, turcas, sarracenas, españolas, indias y japonesas, lucidas en gran número por maniquíes de hombres y caballos alineados en procesión.

Comidas comunitarias y recogimiento

En los refectorios de los conventos era costumbre representar a la **Última cena**, objeto apropiado de contemplación durante las comidas de los monjes. Así, la palabra «cenáculo» indica tanto el lugar donde se desarrolla la escena bíblica y su representación como el refectorio. Hay dos maneras de ilustrar el acontecimiento: ya sea en el instante del anuncio de la traición: «En verdad os digo que uno de vosotros me traicionará», o más raramente en el instante inmediatamente después, cuando Judas se revela como un traidor poniendo la mano en el plato (según Mateo) o aceptando el bocado que Jesús le tiende (según San Juan). Generalmente los doce apóstoles están alineados a lo largo de una mesa cubierta con un mantel, con Jesús en el centro. Giovanni, de rostro juvenil, está a su lado, inclinado sobre él o apoyado en su pecho. Judas, sin la aureola, casi siempre aparece solo, en primer plano y de cara a los demás. Fue Leonardo da Vinci, en el refectorio de Santa María delle Grazie en Milán (1495-1497), quien pintó por primera vez a los trece invitados en el mismo lado de la mesa.

La última cena de Andrea del Sarto ★ - Iglesia de San Salvi

Mapa fuera de H4 o plano de los alrededores pág. 79 B2 *Via San Salvi 16 - llamar si la puerta está cerrada - ☏ 055 064 94 89 o 33 46 69 26 89 - www.polomusealetoscana.beniculturali.it - todos los días, excepto los lu. de 08:15 a 13:50 h - gratis.*
Una larga galería y dos salas, que exhiben retablos de la escuela florentina del siglo XVI, esculturas y obras de los contemporáneos de Andrea del Sarto, preceden al **refectorio** del antiguo monasterio. Aquí es donde **Andrea del Sarto** pintó, hacia 1520, un espléndido fresco de la **Última Cena★★** inspirado en el de Leonardo da Vinci, en Milán. En esta obra maestra, marcada por una dignidad serena y al mismo tiempo profundamente dramática, el maestro del primer manierismo florentino expresa su sensibilidad y su gusto por la armonización de colores ácidos y luminosos, sin duda heredados de Rafael. El fresco está colocado en un espacio cerrado, desprovisto de detalles que puedan distraer la atención; la escena está iluminada por una logia abierta al cielo, desde donde dos personajes observan evasivamente. La composición se centra en los apóstoles y en Cristo, que vino a anunciar que uno de ellos lo traicionará, provocando todo tipo de reacciones: del asombro a la incredulidad, del dolor a la ira contenida, de la sorpresa paralizante a la reflexión. El autor también rompió con la tradición florentina, situando a Judas a la derecha de Jesús, sin aislarlo, delante de los demás apóstoles.
El refectorio acoge, entre otras, *Noli me tangere,* una *Anunciación* y *Dos episodios de la parábola de la viña*, también de Andrea del Sarto, y una *Virgen con el Niño con los infantes San Juan* y *Santa Catalina de Alejandría* de Pontormo.

En los alrededores

Artistas y arquitectos del Renacimiento esparcieron su legado por toda Florencia, en la campiña toscana: iglesias románicas, frescos y otras obras de arte o, nuevamente, villas de los Medici rodeadas de imaginativos jardines y fuentes esculpidas. Además, en la pequeña y antigua ciudad de Fiesole, Leonardo da Vinci realizó el primer vuelo en avión.

▶**Cómo llegar:** desde Piazza San Marco, el autobús nº 7 lleva a **Fiesole** por el precio de un billete urbano (cada 20 minutos). Para la **Certosa del Galluzzo**, desde Santa María Novella toma el autobús n°36, parada Senese 20, y luego 5 minutos a pie, o nº 37, parada Certosa. Para **Villa di Castello** y **Villa della Petraia** (la segunda está a 15 minutos a pie de la primera), toma el autobús nº 2 o n°28, parada Sestese 05; estarás en tu destino en unos minutos a pie.

Plano de los alrededores pág. 79.

▶**Consejo:** dedica dos días a explorar estos lugares tranquilamente, dejando al menos medio día para Fiesole.

☞ *Nuestras direcciones, págs. 93 y 113.*

Fiesole ★

Mapa de los alrededores B1

8 km al noreste de Florencia.
Fundada en el siglo VII o VI a. C. por los etruscos, que habían elegido su posición elevada por motivos defensivos y sanitarios, Fiesole era el centro más importante del norte de Etruria. Durante mucho tiempo dominó a su rival, la futura Florencia, que finalmente logró conquistar en el siglo XII. La carretera que sube de Florencia a Fiesole serpentea en curvas cerradas entre olivares, suntuosos jardines e hileras de cipreses hasta llegar a este nido de águilas y ofrece un **paisaje★★★** incomparable, representado en muchas pinturas del Renacimiento italiano.

Duomo★ - *Piazzetta della Cattedrale 1 - de 07:30 a 12:00 h,15:00 a 18:00 h; invierno: de 14:00 a 17:00 h.* Edificio románico del siglo XI, ampliado posteriormente en los siglos XIII y XIV, fue restaurado entre 1878 y 1883. En el **interior**, muy desnuda, conserva antiguos capiteles en la cripta y, en la Capilla Salutati *(al final de la nave derecha)*, una tumba y un elegante retablo esculpido, **obras★** de Mino da Fiesole. Sobre el altar hay un espléndido políptico de Bicci di Lorenzo (1450).

El Palacio Pretorio (siglo XIV), sede del ayuntamiento, domina la céntrica **Plaza Mino da Fiesole** (que conserva los restos de una calzada romana empedrada).

Zona arqueológica★ - *Via Portigiani 1 - ☎ 055 59 61 293 - www.museidifiesole.it - de abril a septiembre de 09:00 a 19:00 h; marzo y octubre de 10:00 a 18:00 h; resto del año pedir información*

- 7€; 10€ con el Museo Arqueológico; 12€ con el Museo Arqueológico y el Museo Bandini. Ubicado en un **escenario★** de colinas cubiertas de cipreses, alberga las ruinas de varios edificios etruscos y romanos: un **teatro romano★** todavía en uso (alrededor del 80 a. C.), con sus 23 escalones sobre la ladera; un templo etrusco de finales del siglo IV a. C. y restos de unas termas construidas por los romanos en el siglo I d. C.

Museo Arqueológico - *Mismo horario que la zona arqueológica* - 10 € con la zona arqueológica; 12 € con la zona arqueológica y el Museo Bandini. Exhibe objetos encontrados durante las excavaciones, que van desde la protohistoria hasta la Edad Media. La planta baja está dedicada a la sección topográfica, que describe el desarrollo de la ciudad (notable **urna★** cilíndrica de plomo, del siglo III o IV), mientras que el primer piso alberga la sección de anticuarios. La rica **Colección Costantini★** incluye cerámica ática de figuras negras y rojas, y cerámica y figura negras etruscas.

Museo Bandini - *Via Portigiani 1 -* ✆ 055 59 61 293 - www.museidifiesole.it - *de abril a septiembre de 09:00 a 19:00 h; marzo y octubre de 10:00 a 18:00 h; resto del año consultar información* - cerrado de lu. a ju. - 5 €; 12 € con la zona arqueológica y el museo. Este pequeño museo alberga las colecciones de arte del erudito florentino Angelo Maria Bandini (1726-1803): paneles de madera con fondo dorado (*Virgen del Parto* de Nardo di Cione), obras de los siglos XIV-XV (Lorenzo Monaco, Neri di Bicci, Jacopo del Sellaio), terracotas vidriadas de Andrea della Robbia y sus hijos, y una hermosa terracota policromada que representa la *Virgen con el Niño*.

Convento de San Francesco★ - *Via San Francisco 13 -* ✆ 055 59 175 - www.fratifiessole.it - *de 09:30 a 12:00 h, de 14:30 a 18:00 h - gratis*. A este modesto convento, situado en lo alto de una colina y ocupado por los franciscanos desde principios del siglo XV, se accede mediante una corta y empinada subida, ofrece una **magnífica vista★** de Florencia. La **iglesia**, que data del siglo XIV pero muy remodelada, conserva un tríptico de Bicci di Lorenzo (*La Virgen y el Niño entronizados con ángeles y santos*). Desde la iglesia se puede acceder al **Museo Misionero** que, así como objetos traídos de Oriente, incluye una pequeña sección de arqueología. A través de una puerta se descubre un pequeño **claustro** del siglo XIV. Subiendo las escaleras a la izquierda de la puerta se llega al primer piso, donde se pueden visitar las celdas, una vez habitadas por los frailes, tan pequeñas y desnudas que conmueven. Uno lo ocupó **San Bernardino de Siena**, prior del convento durante muchos años.

Itinerarios a pie

Plaza Leonardo

45 min.

Este sorprendente paseo conduce al sitio que es testigo de una de las experiencias más vanguardistas de Leonardo da Vinci. Desde Piazza Mino da Fiesole toma via Verdi y luego gira a la izquierda en via Montececeri. Su prolongación, via Scalpellini, conduce a Plaza Leonardo.

El **espacio abierto**, en el corazón del parque Montececeri, ofrece una espléndida vista de Florencia (*acceso gratuito durante todo el año*). Todos los documentos históricos y leyendas coinciden en situar precisamente en este lugar un intento de vuelo organizado por Leonardo, que fijó un par de alas sobre los hombros de uno de sus asistentes. El vuelo continuó durante unas decenas de metros para terminar más abajo, en la ladera del Parque Maiano, no sin algunos moratones y fracturas. Pese a ello, sigue siendo el primer vuelo realizado por un ser humano.

De Fiesole a Florencia

6 km - 1 hora y 40 min.
Para regresar a Florencia a pie, parte de Piazza Mino da Fiesole, toma la carretera que desciende a la derecha, por Fiesolana y luego por Bandini. La pendiente, bastante empinada hasta la via Vecchia Fiesolana, se vuelve poco a poco más suave, bordeando otras casas particulares.
En Plaza San Domenico continúa cuesta abajo y luego toma via Giovanni Boccaccio a la derecha. Sombreada, flanqueada por villas, salpicada de olivares y cipreses, la carretera ofrece vistas panorámicas de las colinas antes de llegar a la Plaza delle Cure. Desde allí toma viale Don Minzoni, una animada zona comercial, hasta llegar a Plaza de la Libertà y luego a via Gallo que te llevará al barrio de San Marco (ⓒ *pág. 45*).

San Doménico de Fiesole

Mapa de los alrededores B1
2,5 km al suroeste; en la carretera hacia Florencia, a la izquierda después del ramal de via Badia dei Roccettini. Piazza San Domenico 11 - 🖉 055 59 230 - de 08:30 a 12:00 h, de 16:00 a 18:00 h - gratis.
Construida en el siglo xv, la iglesia fue transformada en el siglo xvii: de esa época datan el pórtico arqueado y el campanario. Fue aquí donde, alrededor de 1420, tomó sus votos **Fray Angélico**, que pasó varios años en el convento contiguo. En la iglesia *(primera capilla a la izquierda)* se mantiene una témpera de vivos colores sobre la **mesa**★, que representan la *Virgen entronizada con el Niño, ángeles y santos*, que el fraile pintó hacia 1430; en 1501 Lorenzo di Credi reunió los elementos de esta obra, originalmente concebida como un tríptico, repintando el fondo probablemente dorado. Al otro lado de la nave, en la segunda capilla, un *Bautismo de Cristo* de Lorenzo di Credi.

Badía Fiesolana

Mapa de los alrededores B1
A 3 km al suroeste de Fiesole, bajando hacia Florencia, aproximadamente a mitad de camino entre las dos ciudades, gira a la derecha en la pequeña via Badia dei Roccettini - Via Badia dei Roccettini 9 - Localidad San Domenico - 🖉 055 59 155 - todos los días, excepto los fines de semana, de 9:00 a 17:00 h - gratis.
Este antiguo convento benedictino fue parcialmente reconstruido en el siglo xv, en el elegante estilo de Brunelleschi, gracias a la prodigalidad de Cosme el Viejo, que se alojaba allí con frecuencia. Hoy la abadía alberga

BOLONIA 🛆 **A** **B** 🛆 BOLONIA

CALENZANO

PISTOIA

1

Sesto Fiorentino

PISTOIA

SESTO FIORENTINO

Castello

Villa de Castello

Villa de la Petraia

PRATOLINO

MONTORSOLI

CALDINE

Terzolle

Convento de San Francesco

Museo Bandini

Zona arqueológica

Duomo

FIESOLE

RIFREDI

Rifredi

Museo Stibbert

Statuto

Badia Fiesolana

San Domenico di Fiesole

OSMANNORO

Amerigo Vespucci

PISTOIA

V. Pistoiese

Arno

V. Bolognese

1

79

FORLÌ, AREZZO, PONTASSIEVE

LIVORNO, PISA

ISOLOTTO-LEGNAIA

Viale Etruria

Santa Maria Novella

Viale G. Matteotti

Campo di Marte

CENTRO HISTÓRICO

Cenáculo de Andrea del Sarto - Iglesia de San Salvi

CAMPO DI MARTE

Rovezzano

2

SS67

LASTRA A SIGMA

SCANDICCI

V. Roma

V. Senese

V. Marco Polo

GAVINANA-GALLUZZO

BAGNO A RIPOLI

N

SP98

A1

V. delle Cinque Vie

ALREDEDORES DE FLORENCIA

Cartuja del Galluzzo

SP4

SR222

A1

AREZZO, ROMA

GRASSINA

0   1km

A 🛆 SIENA **B**

Villa de la Petraia.

el Instituto Universitario Europeo. La decorativa **fachada★** de la primitiva iglesia románica, con motivos geométricos en mármol blanco y verde, similar en estilo a la de San Miniato en Florencia, fue extrañamente incorporada a la nueva fachada de la abadía, que quedó inacabada tras la muerte de Cosme el Viejo.

Cartuja de Galluzzo ★★

Mapa de los alrededores A2

6 km al sur de Florencia; acceso ⊙ pág. 75. Via della Certosa 1 - ☎ 055 204 92 26 - www.certosadifirenze.it - visitas guiadas todos los días, excepto los lu. y do. por la mañana, a las 10, 11, 15, 16 - gratis. Fundada en el siglo XIV por el banquero florentino Niccolò Acciaiuoli, esta grandiosa cartuja, a la que se accede a través de una escalera monumental,

sufrió importantes transformaciones hasta el siglo XVII. Junto al monasterio, el Palacio Acciaiuoli alberga los frescos con escenas de la Pasión de Cristo realizados por **Pontormo** (1523-1525). La **iglesia** está dividida en dos partes diferenciadas para separar a los monjes cistercienses de las monjas cartujas. La última parte data del siglo XIV, mientras que la decoración y la sillería son del siglo XVI. A la izquierda de la iglesia, el **salón** conduce a la sala capitular, donde se admira el magnífico **monumento funerario** de Leonardo Buonafé, prior de la cartuja de 1495 a 1501, ejecutado por Francesco di Giuliano da Sangallo (1550), y una puerta cincelada del siglo XVI. Las 18 celdas de las monjas, una de las cuales se puede visitar, dominan el gran **claustro** renacentista, decorado con círculos de Giovanni della Robbia.

La villa toscana

Compradas o construidas por prestigiosas familias florentinas como los Medici, los Rospigliosi, los Buonvisi, los Chigi y los Ricasoli, las villas en el campo permitían escapar del calor de la gran ciudad en verano. Aparecieron en el siglo XV, en la época de los grandes palacios urbanos. Caracterizados por una planta generalmente bastante simple y severa, siempre refinada por grandes jardines, volvieron a estar de moda en el siglo XVII, cuando fueron ampliados y decorados con frescos. En 2013, la UNESCO incluyó las **Villas Medici** en la Lista del Patrimonio Mundial, constituyendo un ejemplo de residencias principescas dedicadas al ocio, las artes y el conocimiento que conectan la arquitectura y los jardines en armonía con la naturaleza.

Villa de Castello

Mapa de los alrededores A1

6 km al norte; acceso ⊙ pág. 75. Via di Castello 44, amplio aparcamiento delante de la fachada. Jardín: información sobre horarios en ✆ 055 45 26 91 o en la página web www. polomusealetoscana.beniculturali.it - gratis. Villa: información en ✆ 055 45 42 77 o www.accademiadellacrusca.it.
Comprada por los Medici en 1477 y embellecida por Lorenzo el Magnífico, la villa fue saqueada en 1527. Fue entonces cuando el Duque Cosme I le confió a **Niccolò Tribolo** su renovación y la creación de un **jardín**★. Desde 1974 acoge la **Accademia della Crusca** cuyo objetivo es proteger la lengua italiana. El jardín italiano está dispuesto con un exquisito sentido de las proporciones encaminado a resaltar la bella fuente central, creada por Tribolo y decorada por el grupo de bronce *Hércules y Anteo* de Ammannati. Más arriba, siguiendo el eje central, se accede a una cueva formada por tres nichos adornados con estatuas de animales (los originales en bronce esculpidos

por Giambologna se encuentran en el Museo del Bargello, en Florencia ⊙ pág. 20).

Villa de la Petraia ★

Mapa de los alrededores B1

6 km al norte; acceso ⊙ pág. 75. Via della Petraia 40. ✆ 055 45 26 91 - www. polomusealetoscana.beniculturali.it consulta la página web - gratis.
En 1576, el cardenal de Medici encargó al arquitecto **Buontalenti** transformar este antiguo castillo fortificado en una villa y reorganizar el jardín. En el siglo XIX, la residencia se convirtió en la residencia de verano del rey Vittorio Emanuele II, como nos recuerda el interior renovado; en la época de Saboya, el magnífico **patio**★ (1637-1649), pintado al fresco por Volterrano y Cosimo Daddi, se transformó en un salón de baile con techo de cristal y hierro. El **jardín** (siglo XVI) está adornado con macizos de flores en la parte delantera, mientras que en la parte trasera hay un parque arbolado. Una notable fuente diseñada por **Tribolo** se encuentra en el lado derecho de la villa.

NUESTRAS DIRECCIONES

Descanso en las mesas de un restaurante en el centro histórico de Florencia.
Jon Arnold Images/hemis.fr

Dónde comer

Tendrás muchas opciones para elegir: desde la trattoria hasta el restaurante *chic*, pasando por las paninotecas y similares, que ofrecen bocadillos —incluido el tradicional lampredotto (elaborado con estómago de vacuno)— y platos rápidos. Los locales gastronómicos se multiplican hacia Santa Croce, Santo Spirito y, sobre todo, San Lorenzo. Pero ten cuidado con los lugares turísticos: aquí, los menús de tantas páginas ofrecen platos tan variados como insípidos. Como ocurre en muchos países en los últimos años, en Florencia también se han creado restaurantes que preparan sus platos con productos de «kilómetro cero». Muchos de estos negocios están cerrados en agosto.

☞ **Encontrarás las direcciones en el mapa extraíble y en los planos de barrio gracias a los puntos numerados (por ejemplo, ❶). Las coordenadas en rojo (por ejemplo, C2) se refieren al mapa extraíble.**

El Duomo y el centro medieval

Plano del barrio págs. 17 y 42

Hasta 20€

❶ **I Fratellini** - **E5** - *Via dei Cimatori 38r* - ☏ *055 239 60 96 - www.facebook.com/ifratellini - de mi. a lu. de 10:00 a 19:00 h, ma. de 10:00 a 20:00 h - menos de 10 €.* Un pequeño lugar donde disfrutar de uno de sus sabrosos bocadillos mientras tomas una copa de vino.

❸ **Eataly** - **E4** - *Via de' Martelli 22r* - ☏ *055 015 36 01 - www.eataly.net - de 12:00 a 15:00 h, de 19:00 a 22:00 h - platos 12,50/22 €.* La meca de los *gourmets* italianos ofrece productos de calidad y fórmulas diferentes: pizzas, bocadillos, platos calientes.

❷ **I'Tosto** - **E4** - *Via dei Servi 8r* - ☏ *055 051 52 80 - www.itosto.it - de 10:00 a 17:00 h - menos de 10 €.* A un paso de la catedral, sirve diferentes tipos de tostadas (picantes, de champiñones, veganas, etc.), ¡todas deliciosas y gigantescas!

❹ **Da' Vinattieri** - **E4** - *Via Santa Margherita 4r* - ☏ *055 29 47 03 - de 10:30 a 19:00 h, lu. de 11:30 a 15:00 h - platos 5/15 €.* Escondida en una pequeña calle junto a la iglesia donde se supone que está enterrada la Beatriz de Dante, este lugar, quizás poco atractivo, ofrece una excelente visión general de la comida callejera florentina: schiacciate, lampredotto, pappa al pomodoro, etc.

De 20 a 35 €

❺ **Cantinetta dei Verrazzano** - **E5** - *Via dei Tavolini 18-20r* - ☏ *055 26 85 90 - www.verrazzano.com - de 08:00 a 16:00 h, do. de 09:00 a 17:00 h - platos 10/20 €.* En una pequeña sala, codo con codo sobre mesas de mármol, se pueden degustar los vinos del Castello di Verrazzano acompañados de verduras rellenas al horno, quesos y embutidos.

❻⓿ **Le Mossacce** - **E4** - *Via del Proconsolo 55r* - ☏ *055 29 43 61*

Courtesy of Gucci

Gucci Osteria de Massimo Bottura (ver pág. 86).

- *www.trattorialemosacce.it* - *de lu. a vi. de 12:00 a 14:30 h y de 19:30 a 21:30 h* - *platos 12/23 €.* Un buen sitio en este barrio turístico donde, sentado en una de las mesitas, te encontrarás junto a empleados, trabajadores y magistrados que salen del cercano juzgado. Sabrosa cocina florentina basada en productos frescos: ribollita, spezzatino alla fiorentina, etc.

Plaza de la Signoria y los Uffizi

Plano del barrio pág. 17

Hasta 20€

🔴7 **All'Antico Vinaio** - **E5** - *Via dei Neri 65r* - 📞 *055 238 27 23* - *www.allantico vinaio.com* - *de 10:00 a 22:30 h* - *menos de 15 €.* Siempre lleno, este local detrás del Palacio Vecchio ofrece bocadillos y schiacciate irresistibles, para disfrutar paseando por la calle o sentado en las mesas del restaurante de enfrente.

🔴61 **Trattoria Anita** - **E5** - *Via del Parlagio 2r* - 📞 *055 21 86 98* - *de lu. a sá. de 12:00 a 14:30 h y de 19:00 a 22:15 h* - *platos 10/25 €* - *se recomienda reservar.* Sencillez y convivencia son las características de este restaurante frecuentado para el almuerzo por trabajadores y para la cena por turistas y familias. Amplia selección de platos de pasta, risottos y carnes.

🔴8 **Ino** - **D5** - *Via dei Georgofili 3r/7r* - 📞 *055 21 41 54* - *www.inofirenze.com* - *de 12:00 a 15:00 h, sá. y do. de 12:00 a 15:30 h* - *menos de 10 €.* A dos pasos de la Galería de los Uffizi, ¡Alessandro Frassica ha hecho del bocadillo una auténtica experiencia gastronómica! En el menú, una docena de bocadillos recién preparados, rellenos con los mejores productos italianos. El protagonista de la casa es el «Solito», con jamón toscano, queso pecorino, paté de aceitunas, tomate y aceite de oliva virgen extra.

De 20 a 35 €

⑨ Vini e Vecchi Sapori - **E5** - *Via dei Magazzini 3r* - ☏ *055 29 30 45 - de lu. a sá. de 12:00 a 14:30 h y de 19:30 a 22:30 h - platos 13/22 €.* Detrás del Palacio Vecchio, esta pequeña osteria de ambiente agradable ofrece una degustación de apetitosos platos tradicionales florentinos, incluida la inevitable ribollita o callos.

Más de 50€

⑥ Gucci Osteria de Massimo Bottura - **E5** - *Piazza della Signoria 10 - ☏ 055 75 92 70 38 - www.gucci osteria.com/ it/florence - de 12:30 a 15:00 h y de 19:30 a 22:00 h - platos 27/53 € - menú 130/180 € - es necesario reservar.* En la planta baja del magnífico Palacio de la Mercanzia, en el contexto del Jardín Gucci (☉ pág. 29), esta osteria es el escaparate florentino del chef modenés Massimo Bottura, tres estrellas Michelín. La cocina es un viaje alrededor del mundo con citas y reinterpretaciones de recetas internacionales, sin olvidar nunca Italia. Ambiente *chic* y elegante.

Alrededores de Santa María Novella

Plano del barrio pág. 34

Hasta 20€

⑫ Alimentari Mariano - **D5** - *Via del Parione 19r* - ☏ *055 21 40 67 - de 09:00 a 20:00 h, cerrado do. - platos 10/15€.* Un lugar agradable y acogedor donde poder disfrutar de excelentes bocadillos, focaccias y tablas de quesos y embutidos.

㉑ Sostanza - **C4** - *Via del Porcellana 25r* - ☏ *055 21 26 91 - 🚫 - de lu. a sá. de 12:30 a 14:00 h y de 19:30 a 21:45 h - platos 9/25€ - imprescindible reserva.* Una trattoria clásica y genuina, frecuentada por florentinos. La tarta de alcachofas y las sabrosas pechugas de pollo untadas

Mercado Central (ver pág. 87).

con mantequilla se encuentran entre los platos más populares.

De 20 a 35 €

11 **Procacci** - **D4** - *Via dei Tornabuoni 64r -* ℰ *055 21 16 56 - www. procacci1885.it - de lu. a sá. de 10:00 a 21:00 h, do. de 11:00 a 20:00 h - platos 15/ 25 €.* Fundada en 1885, esta charcutería de lujo se ha convertido en una auténtica institución gracias a sus famosas trufas blancas, con las que se preparan deliciosos bocadillos, acompañadas de una copa de vino Antinori.

17 **Ostaria dei Centopoveri** - **Q4** - *Via Palazzuolo 31r -* ℰ *055 21 88 46 - www. centopoveri.it - menú 11 € (almuerzo)/ 38 €.* Un establecimiento de barrio ideal para familias que ofrece abundantes especialidades toscanas, incluido el imperdible bistec a la florentina, y una amplia selección de pizzas (disponibles en versión de pasta doble). Excelente bienvenida.

13 **Trattoria 13 Gobbi** - **C4** - *Via dei Porcellana 9r -* ℰ *055 28 40 15 - www. casatrattoria.com - de 12:30 a 15:00 h y de 19:30 a 23:00 h - platos 14/27€.* Una trattoria con un ambiente familiar e interiores decorados de forma tradicional, que ofrece los grandes clásicos de la cocina toscana. No te pierdas los rigatoni a la sopera, servidos, como su nombre indica, en sopera.

10 **Il Borro Tuscan Bistro** - **D5** - *Lungarno Acciaiuoli 80r -* ℰ *055 29 04 23 - www.ilborrotuscanbistro.it - de 12:00 a 15:00 h y de 19:00 a 22:00 h - platos 16/24 €.* Un lugar cerca del Arno que es al mismo tiempo restaurante, bodega y tienda. Aquí podrá degustar los sabores más

tradicionales de la Toscana en una acogedora sala, «rodeada» de botellas.

64 **Il Latini** - **D4** - *Via dei Palchetti 6r -* ℰ *055 21 09 16 - www.illatini.com - de ma. a vi. de 19:30 a 22:30 h, sá. y do. de 12:30 a 14:30 h y de 19:30 a 22:30 h - platos 14 €/ 25.* Jamones colgados del techo y cuadros en las paredes: este lugar es apreciado tanto por su ambiente como por su cocina local.

De 35 a 50€

14 **Buca Mario** - **D4** - *Piazza degli Ottaviani 16r -* ℰ *055 21 41 79 - www. bucamario.it - de lu. a sá. a partir de las 19:00 h - platos 18/42 €.* Ubicado en las bodegas del Palacio Niccolini, este restaurante, inaugurado en 1886, es muy apreciado por la calidad de su cocina, que celebra los grandes clásicos de la cocina toscana, desde el aperitivo con embutidos típicos hasta la ribollita y el bistec a la florentina.

88 **Belcore** - **C4** - *Via dell'Albero 30r -* ℰ *055 21 11 98 - www.ristorante belcore.it - todos los días, excepto los mi. de 18:30 a 23:30 h - menú 37/50 € - platos 15/21 €.* El menú a la carta ofrece tres opciones posibles: especialidades de pescado, recetas tradicionales italo-toscanas y platos modernos, todo ello acompañado de una buena selección de vinos.

Alrededores de San Lorenzo

Plano del barrio pág. 42

Hasta 20€

67 **Mercado Central** - **D3** - *Piazza del Mercato Centrale/via dell'Ariento -* ℰ *055 23 99 798 - www.mercatocentrale. it - de 10:00 a 00:00 h.* La estructura del Mercado Central alberga una moderna zona de restaurante en el primer piso, mientras que en la planta baja hay locales más tradicionales como **Da Nerbone** (☎*055 21 99 49 - de lu. a ma. de 11:00 a 14:00 h, mi. y ju. de 11:00 a 22:00 h, vi y sá. de 11:00 a 14:00 h, do. de 11:00 a 23:00 h),* que ofrece bocadillos de lampredotto, sopas, pastas y carnes cocidas desde 1872, y **Gastronomia Perini** (☎*055 23 98 306 - de lu. a vi. de 07:00 a 15:00 h, sá. de 09:00 a 17:00 h)* que preparan bocadillos y platos calientes.

70 Trattoria Mario - **D3** - *Via Rosina 2r - ☎ 055 21 85 50 - www.trattoria mario. com - de lu. a sá. de 12:00 a 15:30 h - platos 10/24 €.* Esta trattoria, donde acuden trabajadores, empleados y estudiantes, es perfecta para una comida rápida. La cocina es sencilla y tradicional. Una buena dirección para evitar las trampas para turistas de este barrio.

69 Trattoria Gozzi - **E4** - *Piazza San Lorenzo 8r - ☎ 055 281 941 - de lu. a sá. de 12:00 a 15:30 h - platos 13/20 €.* Con pasión y modestia, los hermanos Gozzi dirigen esta encantadora trattoria en el

---

Para una parada rápida:

---

corazón del mercado de San Lorenzo. Cocina toscana a excelentes precios.

68 Palle d'Oro - **D3** - *Via Sant'Antonino 43/45r - ☎ 055 28 83 83 - www. trattoriapalledorofirenze.com - de lu. a ju. de 12:00 a 14:30 h, vi. y sá. de 12:00 a 14:30 h y de 19:00 a 22:30 h - platos por menos de 15€ - recomendable reservar.* Los propietarios continúan la tradición de esta taberna fundada por su bisabuelo a principios del siglo xx, a dos pasos del animado mercado. En el menú: especialidades toscanas, platos de arroz o pasta. Al mediodía, menú en barra a precios muy económicos.

De 20 a 35 €

65 Trattoria lo Stracotto - **D4** - *Piazza di Madonna degli Aldobrandini 17 - ☎ 055 230 20 62 - www.trattoria lostracotto.it - de 12:00 a 15:00 h y de 18:00 a 22:30 h - platos 13/22 €.* Una trattoria elegante y agradable que atrae tanto a turistas como a residentes. El menú está lleno de platos típicos de la Toscana. Mención especial merece el bistec a la florentina, cocinado a la perfección.

De 35 a 60 €

27 Cipolla Rossa - **D4** - *Via dei Conti 53r - ☎ 055 21 42 10 - www. osteriacipollarossa.com - de 12:00 a 15:30 h y de 19:00 a 23:00 h - platos 16/30 €.* En esta taberna tradicional podrás degustar platos típicos de la Toscana. Los amantes de esta cocina seguro que no se perderán el quinto cuarto, ni las menudencias y partes menos nobles del ganado.

15 La Ménagère - **E3** - *Via de' Ginori 8r - ☎ 055 075 06 00 - www.lamenagere. it - de do. a vi. de 07:00 a 14:00 h, sá. de*

08:00 a 23:00 h - platos 18/33 €. Este espacio conceptual reúne una floristería, un emporio del diseño, un bistró informal y un prestigioso restaurante en un entorno rústico-industrial. En el club subterráneo podrá disfrutar de cócteles de alto nivel. El restaurante revisita los productos italianos ofreciendo combinaciones originales. Elegante y a la moda.

Alrededores de San Marco

Plano del barrio pág. 49

Hasta 20€

72 La Mescita - E4 - *Via degli Alfani 70r - ☎ 338 992 26 40 - 🍽️ - de 11:00 a 16:00 h - platos de menos de 15 €.* Crostini, bocadillos, Chianti y otras especialidades, para comer algo rápido en un restaurante típico.

75 Forno Pugi - E3 - *Piazza San Marco 9/B - ☎ 055 28 09 81 - www.fornopugi. it - de lu. a vi. de 07:45 a 19:00 h, sá. de 07:45 a 14:40 h - platos por menos de 15 €.* En la Plaza San Marco, este pequeño y encantador lugar ofrece pizza por porción, sabrosas tartas de verduras y focaccias para picar sentado alrededor de los mostradores. También hay una amplia selección de repostería.

28 Vineria Sonora - F4 - *Via degli Alfani 39r - ☎ 391 359 86 58 - www. vineriasonora.it - todos los días excepto lu. de 17:00 a 01:00 h, do. de 12:00 a 01:00 h - 10/15 €.* Esta vinoteca ofrece una exquisita selección de vinos artesanales, ecológicos, biodinámicos y naturales producidos por bodegueros independientes. La carta hace hincapié en los productos frescos y locales.

Alrededores de Santa Croce

Plano del barrio pág. 53

Hasta 20€

78 Trippaio di Sant'Ambrogio - F5 - *Piazza Lorenzo Ghiberti - ☎ 339 37 85 690 - lu. a sá. de 7:00 a 14:00 h - platos por menos de 10 €.* Un lugar histórico dentro del mercado de Sant'Ambrogio donde se puede comer un sabroso bocadillo de lampredotto, clásico o relleno de patatas y alcachofas, pero también los famosos callos florentinos.

29 Semel - F5 - *Piazza Lorenzo Ghiberti 44r - 11.30-14.30 h, cerrado do. y festivos - 4 €.* Esta pequeña tienda situada frente al mercado de Sant'Ambrogio sirve semellini, unos bocadillos redondos y esponjosos que están entre los mejores de la ciudad. Los deliciosos rellenos, elaborados con productos frescos de temporada, varían a diario según la disponibilidad del mercado.

22 Osteria del Caffè Italiano - E5 - *Via Isola delle Stinche 11r-13r - ☎ 055 28 90 80 - www.caffeitaliano.it - abierto todos los días - platos 6/12 €.* Tres pequeñas y acogedoras salas en el interior del histórico Palacio Salviati (siglo XIII) donde degustar platos regionales. Excelente carta de vinos.

De 20 a 35 €

77 Cibrèo Trattoria - Cibrèo Ristorante - Cibrèo Caffè - F5 - *Via de' Macci 122r, Via del Verrocchio 8r y 5r - ☎ 055 23 41 100 - www.cibreo.com - de ma. a sá. de 12:30 a 14:30 h y de 19:00 a 22:30 h - 25/40 €.* De una exitosa idea del chef Fabio Picchi, fallecido en febrero de 2022, en la que la cocina local se ofrece en tres variantes: la trattoria (*via de' Macci 122r*), con un menú sencillo que no incluye pasta, el elegante restaurante, y la cafetería-bistró (*de ma. a sá. de 09:00 a 00:00 h*). Primero echa un vistazo al menú (y los precios) y luego decide dónde sentarte.

31 Ciblèo - **F4** - *Via del Verrocchio 2r - ☎ 055 47 78 81 - www.cibreo.com/cibleo - de ma. a sá. de 12:30 a 15:00 h y de 19:00 a 23:00 h - menú de mediodía 25 €, platos a partir de 8 € - se recomienda reservar.* Este pequeño restaurante, el último de la familia Cibrèo, se inspira en la cocina de Japón y otros países asiáticos. La carta, decididamente oriental, utiliza a menudo materias primas toscanas ensambladas según la creatividad y el gusto del chef, que personaliza los platos con maestría. Gran variedad de platos pequeños.

19 Del Fagioli - **E5** - *Corso dei Tintori 47r - ☎ 055 24 42 85 - de lu. a vi. de 12:30 a 14:30 h y de 19:30 a 22:30 h - platos 12/18 € - se recomienda reservar*. Una típica trattoria toscana, con buena cocina casera, que prepara platos en la más pura tradición florentina. El servicio es sencillo y el ambiente familiar y agradable.

20 Cucina Torcicoda - **E5** - *Via Torta 5r - ☎ 055 265 43 29 - www.cucinatorcicoda.com - de ma. a do. de 19:00 a 22:30 h - platos 14/26 €*. Restaurante gastronómico, pizzería, vinoteca: una única dirección para diferentes fórmulas. La carta incluye platos tradicionales pero también recetas originales, pizzas al horno de leña y la especialidad de la casa: el bistec a la florentina (carne de todo el mundo y de la mejor calidad). La bodega cuenta con más de 300 etiquetas de vino.

De 35 a 60 €

32 L´Ortone - **F5** - *Piazza Lorenzo Ghiberti 87r - ☎ 055 234 08 04 - www.lortone.it - de 12:15 a 15:15 h y de 19:00 a 23:00 h - platos 14/22 €.* Una trattoria moderna en Sant'Ambrogio, justo enfrente del mercado. En el menú, algunas especialidades locales y una cocina imaginativa inspirada en productos de temporada. Excelente bodega.

33 Nugolo - **F4** - *Via della Mattonaia 27r - ☎ 055 094 47 12 - ilnugolo.com - todos los días, excepto el do. de 19:30 a 00:00 h - platos 12/20 € - se recomienda reservar.* El nombre, que hace referencia a una variedad de tomate, define la identidad del restaurante: ¡aquí las verduras son las protagonistas! El chef Luca Grimaldi crea obras maestras culinarias con tomates y verduras cultivadas en las colinas de Settignano, en el jardín familiar de la propietaria Nerina Martinelli.

Palacio Pitti y Jardines de Bóboli

Plano del barrio pág. 63

Hasta 20€

80 Enoteca Fuori Porta - **E6** - *Via del Monte alle Croci 10r - ☎ 055 23 42 483 - www.fuoriporta.it - de ma. a vi. de 12:00 a 15:30 h y de 19:00 a 23:30 h, sá. y do. de 12:00 a 23:30 h - platos 10/20 € - se recomienda reservar.* Con una caminata de 5 minutos cuesta arriba llegarás a esta gran tienda de vino, con unas diez mesas al aire libre. Vinos de calidad servidos por copa y menú del día compuesto por entrantes, platos fríos y picatostes, absolutamente digno de probar.

De 20 a 35 €

83 **Zeb** - **E6** - *Via San Miniato 2r - ☏ 055 23 42 864 - www.zeb gastronomia.com - de 12:30 a 15:30 h y de 19:30 a 22:30 h, excepto mi. y do. por la noche - platos 15/25 €.* Este delicioso asador ofrece ensaladas, pastas, callos a la florentina, embutidos, etc., para disfrutar sentado en el elegante mostrador. iBar de sushi en versión local!

81 **Osteria Antica Mescita San Niccolò** - **E6** - *Via San Niccolò 60r - ☏ 055 234 28 36 - www.osteria sanniccolo. it - de 12:00 a 0:30 h - cerrado en Navidad - platos 12/22 €.* Dentro de la cripta de la iglesia de San Niccolò, en una sala con bóvedas de piedra y mesas de madera, o en las mesas exteriores, degustarás platos tradicionales florentinos. Servicio cálido.

De 35 a 60 €

34 **Podere 39** - **C7** - *Via Senese 39r - ☏ 345 237 61 37 - cerrado mediodía y do. - menú 30/45€ - se recomienda reservar.* Este restaurante, un tanto periférico y con pocas mesas, ofrece un ambiente encantador con detalles originales que le dan un aire rústico pero también elegante. El menú cuenta con platos de carne y pescado. Algunos productos proceden de la finca del propietario.

Alrededores de Santo Spirito

Plano del barrio pág. 63

Hasta 20€

89 **Gusta Panino** - **D6** - *Piazza Santo Spirito - ☏ 055 289 230 - de ma. a do. de 10:30 a 0:00 h - platos por menos de 15 €.* En la animada Plaza Santo Spirito,

un local joven y moderno que prepara bocadillos con materia prima fresca y de buena calidad. Para disfrutar de un menú más rico, prueba la cercana **Gusta Osteria** (*via dei Michelozzi, 13R - ☏ 055 285 033 - de ma. a sá. de 12:00 a 23:00 h*).

30 **Berberé Pizza** - **C5** - *Piazza dei Nerli 1 - ☏ 055 238 29 46 - berberepizza.it - de 19:00 a 23:30 h, sá. y do. de 12:30 a 14:30 h - pizzas 6/13 €.* Aquí encontrará pizzas sabrosas y crujientes: la masa con levadura madre se elabora con harina ecológica semiintegral y los ingredientes proceden de granjas que producen de forma sostenible. Tanto para comer en el momento como para llevar, la pizza se corta en ocho porciones para favorecer la confraternización.

35 **Gusta Pizza** - **D6** - *Via Maggio 46r - ☏ 055 28 50 68 - todos los días, excepto lu. de 12:00 a 15:00 h y de 19:00 a 23:00 h - pizzas 5/12 €.* No es casualidad que siempre haya cola frente a esta pequeña pizzería: aquí se pueden degustar excelentes pizzas napolitanas cocinadas en horno de leña. Si el lugar está lleno, puedes pedir una pizza para llevar y comerla en las escaleras de la Iglesia Santo Spirito.

86 **La Casalinga** - **D6** - *Via dei Michelozzi 9r - ☏ 055 21 86 24 - www. trattorialacasalinga.it - de lu. a sá. de 12:00 a 14:30 h y de 19:00 a 22:30 h - platos 11/22 € - se recomienda reservar.* Muy cerca de la Plaza Santo Spirito, este restaurante familiar, frecuentado por turistas y clientes habituales (trabajadores, estudiantes, jubilados), sirve platos tradicionales toscanos en un ambiente popular.

Servicio cortés y rápido, sala con mesas sencillas.

24 5eCinque - **D5** - *Piazza della Passera 1 - ☎ 055 274 15 83 - www.5ecinque.it - de mi. a do. de 12:00 a 14:30 h y de 19:30 a 22:00 h - platos por menos de 15 €.* En esta pequeña sala con mobiliario moderno se ofrece cocina orgánica, principalmente vegetariana, sabrosa y original.

De 20 a 35 €

18 Al Tranvai - **C5** - *Piazza T. Tasso 14r - ☎ 055 22 51 97 - de 12:00 a 14:30 h y de 19:00 a 22:30 h - cerrado do. y del 23 al 27 de diciembre - platos 12/18 €.* Las pocas mesas de este pequeño y sencillo restaurante se sitúan a ambos lados de la sala, donde corren dos largos bancos. La acogida es cálida y los platos tradicionales florentinos están bien preparados.

❤ 87 Il Santo Bevitore - **C5** - *Via di Santo Spirito 64/66r - ☎ 055 21 12 64 - www.ilsantobevitore.com - de 12:30 a 14:30 h y de 19:30 a 23:00 h - cerrado lu. al mediodía, primera semana de agosto y Navidad - platos 12/25 €- se recomienda reservar.* Un lugar joven y elegante al mismo tiempo, donde se sirve cocina toscana creativa. La tienda de charcutería **Santino** (*nº 60r - ☎055 23 02 820*) es más informal.

26 Il Magazzino - **D5** - *Piazza della Passera 2 - ☎ 055 21 59 69 - osteria-tripperia-il-magazzino.business.site - de 12:00 a 15:00 h y de 19:30 a 23:00 h, de ma. a mi. de 12:00 a 15:00 h - platos 12/20 €.* Lampredotto y callos a la florentina, conejo al estilo cazador y platos vegetarianos.

25 Alla Vecchia Bettola - **C6** - *Viale Vasco Pratolini 3/7 - ☎ 055 22 41 58 - de ma. a sá. de 12:00 a 14:30 h y de 19:30 a 22:30 h - platos 15/25 €.* Este pequeño restaurante tradicional e informal ofrece cocina florentina casera. Ambiente acogedor.

❤ 36 Gurdulu- **C6** - *Via delle Caldaie 12r - Whatsapp ☎ 334 155 65 44 - www.gurdulu.com - todos los días, excepto los mi. de 12:00 a 15:00 h y de 18:00 a 23:00 h - platos 6/18 €.* El chef florentino Gabriele Andreoni cocina productos locales y de temporada, muchos de los cuales proceden de la granja de su padre. Los productos de la carta, los platos de la barra y los primeros platos exprés se pueden consumir en la amplia, luminosa y cuidada sala o, en los días soleados, en el patio interior. También es un buen lugar para tomar un aperitivo.

De 35 a 60 €

23 IO Osteria personale - **C5** - *Borgo San Frediano 167/r - ☎ 055 93 31 341 - www.io-osteriapersonale.it - de lu. a sá. de 19:30 a 22:00 h - menú 44/60 €, platos 16/27 €.* Una sala de estilo moderno y esencial para una cocina refinada que domina los ingredientes a la perfección.

Fiesole

Plano de los alrededores pág. 79

De 20 a 35 €

Ristorante Vinandro - *Piazza Mino da Fiesole 33 - 50014 Fiesole - ☎ 055 591 21 - de ma. a do. de 12:00 a 14:30 h y de 19:00 a 22:30 h - platos 10/17 €.* Una cocina sencilla y sabrosa con productos que proceden en gran medida del mercado. Bienvenida informal en un ambiente ecléctico.

93

Dónde beber

¡Una parada para tomar un café o disfrutar de un helado es sin duda merecida en una ciudad que se presta a horas y horas de caminata! No te pierdas el momento del **aperitivo**, un auténtico ritual social que permite tomar una copa acompañada de excelentes productos locales.

☞ **Encontrarás las direcciones en el mapa extraíble y en los planos de barrio gracias a los puntos numerados (por ejemplo, ❶). Las coordenadas en rojo (por ejemplo, C2) se refieren al mapa extraíble.**

El Duomo y el centro medieval

Plano del barrio pág. 17

Bares y cafeterías

❶ **Enoteca Coquinarius** - **E4** - *Via delle Oche 11r* - ✆ *055 23 02 153 - www.coquinarius.it - de lu. a sá. de 12:00 a 16:00 h y de 19:00 a 0:00 h* . Esta pequeña vinoteca, de discreto encanto, atraerá a los entendidos por su buena selección de Chianti y otros vinos toscanos.

Pastelerías y cafeterías

❷ **Pasticceria Robiglio** - **E4** - *Via de' Medici 16r - esquina con Via de' Tosinghi* - ✆ *055 21 50 13 - robiglio1928.it - de 7:00 a 20:00 h* . Esta pastelería-cafetería ofrece un desayuno italiano o americano todas las mañanas de 8:30 a 11:00 h, que puede degustarse en el interior o cómodamente sentado en el exterior.

❸ **Caffè Gilli** - **D4** - *Piazza della Repubblica 39r* - ✆ *055 21 38 96 - www.caffegilli.com - de 7:30 a 1:00 h* . Fundado hace 250 años, este café ha contribuido a la celebridad de la plaza desde 1910. Especializado inicialmente en mollejas, hoy ofrece un gran surtido

de pasteles, incluidos yogures helados caseros.

❹ **Café Paszkowski** - **D4** - *Piazza della Repubblica 35* - ✆ *055 21 02 36 - www.paszkowski.it.* Café famoso por la belleza de su interior. Para tomar un café con pastas o un aperitivo, puede elegir entre la sala *art déco* y la amplia terraza. Algunas noches ameniza el local una orquesta *(consulta el programa en la página web)*.

❻ **Pasticceria Scudieri** - **D4** - *Piazza San Giovanni 19r/via Cerretani* - ✆ *055 21 07 33 - www.scudieri.it - de 7:00 a 18:00 h.* Pastelería muy apreciada por los florentinos desde 1939. Precioso exterior en la plaza y hermosa sala interior.

㉟ **La Milkeria** - **E4** - *Borgo degli Albizi 87r* - ✆ *055 975 60 52 - www.lamilkeria.com - de do. a vi. de 9:00 a 19:00 h, sá. de 9:00 a 0:30 h.* Esta cafetería-heladería-crepería también ofrece wraps, bagels, tostadas, tortitas, gofres, natillas calientes, batidos de fruta fresca, bebidas batidas, etc. Ideal para una pausa dulce o salada, en una habitación de tonos claros y mobiliario refinado.

Heladerías

❺ **Gelateria Perché no!** - **E5** - *Via dei Tavolini 19r* - ✆ *055 23 98 969 - todos* *los días, excepto ma., de 11:00 a 22.30 h.* Helados artesanales desde 1939: prueba el fiordilatte con miel y sésamo o el crujiente de café, con almendras y avellanas picadas.

Plaza de la Signoria y los Uffizi

Plano del barrio pág. 17

Bares y cafeterías

❤ **11 Gucci Giardino 25** - **E5** - *Piazza della Signoria 37r* - ✆ *055 75 92 70 12* - *guccigarden.gucci.com* - *de 9:00 a 1:00 h.* Ofrece excelentes cócteles, como el 'Mémoire di Negroni', un homenaje a la ciudad de Florencia en un precioso color púrpura intenso. Una inmersión total en el universo Gucci, con el privilegio de una vista excepcional de la Plaza de la Signoria. Se recomienda encarecidamente reservar a cualquier hora del día.

Pastelerías y cafeterías

8 Rivoire - **E5** - *Via Vacchereccia 4r* - ✆ *055 214 412* - *www.rivoire.it* - *todos los días, excepto lu. de 8:00 a 22:00 h y do. de 8:00 a 20:30 h.* En la magnífica Plaza de la Signoria —donde se alzan el Palacio Vecchio y el *Perseo* de Cellini—, el amplio exterior de esta cafetería-chocolatería fundada en 1862 está siempre lleno. El precio del café es algo elevado, ¡pero el chocolate caliente con nata es excepcional!

Alrededores de Santa María Novella

Plano del barrio pág. 34

Bares y cafeterías

9 Antico Caffè del Moro - **D4** - *Via del Moro 4r* - ✆ *055 28 76 61* - *de do. a*

J.-P. Lescourret/hemis.fr

Una cafetería en la Plaza de la Signoria.

95

ju. de 6:30 a 1:00 h, vi. y sá. de 6.30 a 2:00 h. En los años 50, los artistas se reunían aquí pagando, en ocasiones, con cuadros que aún decoran las paredes de este acogedor bar. Los cócteles de fruta fresca están muy buenos; aperitivos de 18:30 a 21:00 h.

10 Shake Café - **D4** - *Piazza Santa Maria Novella/via degli Avelli 2r* - ✆ *055 29 53 10* - *shakecafe.bio* - *de 7:00 a 22:00 h.* Un lugar agradable junto a Santa María Novella donde refrescarse con un zumo de frutas y verduras frescas, un batido o un helado sentado en las mesas al aire libre. Ideal para un almuerzo ligero.

13 Lounge Bar Colle Bereto - **D5** - *Piazza Strozzi 5r* - ✆ *055 28 31 56* - *www.cafecollebereto.com* - *de lu. a sá.*

de 8:00 a 2:00 h, do. de 9:00 a 2:00 h. En un ambiente contemporáneo, una clientela joven e internacional se reúne para disfrutar de uno de los mejores aperitivos de la ciudad. Se recomienda reservar.

Bulli & Whales (Manifattura Tabacchi) - **Fuera del mapa desde la A1** - *Via delle Cascine 33-35* - ☎ *366 364 03 00* - *www.manifatturatabacchi.com/ maker/bullibalene* - *de 9:00 a 0:00 h.* Este bistró situado en el edificio 9 de Manifattura Tabacchi, el nuevo centro creativo y de producción de la ciudad, es frecuentado por estudiantes de Polimoda, el cercano instituto de moda. Es un buen lugar para tomar un aperitivo acompañado de cicchetti, los aperitivos típicos que se comen en los bacari venecianos. Si lo deseas, puedes continuar la velada con una cena refinada, quizás en la hermosa terraza.

Alrededores de San Lorenzo

Plano del barrio pág. 42

Bares y cafeterías

🔵14 **Casa del Vino** - **D3** - *Via dell'Ariento 16r* - ☎ *055 21 56 09* - *www.casadelvino.it* - *de lu. a ju. de 9:30 a 15:30 h, de vi. a sá. de 10:00 a 22:30 h - cerrado sá. de enero a septiembre.* Una pequeña tienda de vinos a tiro de piedra del Mercado Central, donde se pueden degustar (pero también comprar) los vinos de la región y tomar una comida rápida a base de crostoni, bocadillos y tablas de embutidos y quesos.

🔵15 **Fratelli Zanobini** - **D3** - *Via Sant'Antonino 47r* - ☎ *055 23 96 850* - *de lu. a sá. de 8:30 a 14:00 h y de 15:30 a 20:00 h.* Desde 1944, esta histórica

tienda de vinos figura entre las más apreciadas de Florencia. Ofrece más de 2.500 etiquetas, con especial interés por los pequeños productores. Muy popular para el aperitivo.

Pastelerías y cafeterías

🔵16 **Antica Pasticceria Sieni** - **D3** - *Via San Antonino 54r* - ☎ *055 21 38 30* - *www.pasticceriasieni.it* - *de 7:30 a 19:00 h.* Abierta en 1909, es una de las pastelerías más antiguas de la ciudad. Sus especialidades son los cantucci, la amor polenta (hecha con harina de maíz) y las milhojas. Es el lugar ideal para empezar el día.

Heladerías

❤️17 **La Gelateria** - **E3** - *Via de' Ginori 21r* - ☎ *055 760 64 45* - *la-gelatiera.it* - *de 12:00 a 21:00 h (21:30 h de vi. a sá.) - cerrado los lu.* En su obrador, Ruo-La y Francesco preparan deliciosos helados caseros con ingredientes de primera calidad. Muchos sabores son veganos y sin azúcar.

Alrededores de Santa Croce

Plano del barrio pág. 53

Bares y cafeterías

A lo largo de **via dei Benci**, uno de los ejes principales de este animado barrio, se encuentran numerosos bares, tabernas y restaurantes.

🔵19 **Note di Vino** - **E5** - *Borgo dei Greci 4/6r* - ☎ *339 738 65 48* - *www.notedivinofirenze.it* - *de 11:00 a 1:00 h.* Un pequeño restaurante donde podrás disfrutar de una copa de vino, acompañada de tablas de embutidos y quesos toscanos, sentado en mesas con vistas a la Plaza de Santa Croce.

20 Caffé Letterario Le Murate - **F5** - *Piazza delle Murate, acceso desde Via Ghibellina 1-16, Via dell'Agnolo 1 y Viale della Giovine Italia -* ✆ *055 23 46 872 - www.lemurate.it - de lu. a vi. de 10:30 a 2:00 h, sá. de 15:00 a 3:00 h, do. de 15:00 a 1:00 h .* La antigua cárcel de Murate alberga hoy un centro cultural, una librería, salas de exposiciones y un café literario que ofrece *brunch (do. al mediodía)* y aperitivos *(todos los días a partir de las 18:30 h).* Consulta la página web para conocer los actos programados.

31 Caffetteria delle Oblate - **E4** - *Via dell'Oriuolo 26 -* ✆ *055 26 39 685 - lu. de 14:00 a 19:00 h, ma. de 9:00 a 19:00 h, de mi. a vi. de 9:00 a 10:30 h, sá. de 10:00 a 10:30 h .* El antiguo convento de oblatos (siglo XIV) alberga desde 2007 una hermosa biblioteca dispuesta alrededor del claustro central. En la planta superior, la cafetería tiene una popular galería panorámica con vistas a la cúpula de la catedral.

❤ **21 Ditta artegianale** - **F4** - *Via Carducci 2 -* ✆ *055 936 74 19 - www. dittaartigianale.com - de 7:30 a 0:00 h, ju. de 8:30 a 0:00 h.* Ubicado en un antiguo monasterio y su claustro, este gran café está siempre abarrotado. Desayuna un café recién tostado acompañado de un cruasán, disfruta de un *brunch* o ven por la noche a tomar un cóctel en el exterior.

Heladerías

18 Vivoli Il Gelato - **E5** - *Via dell'Isola delle Stinche 7r -* ✆ *055 29 23 34 - www.vivoli.it - de ma. a sá. de 8:30 a 18:00 h y do. de 9:30 a 18:00 h .* No faltan heladerías en Florencia, pero los entendidos son unánimes en apreciar este establecimiento, fundado en 1930, que sirve sabrosos helados caseros solo en copas.

Palacio Pitti y Jardines de Bóboli

Plano del barrio pág. 63

Bares y cafeterías

7 Brac - **E5** - *Via dei Vagellai 18r -* ✆ *055 094 48 77 - www.libreriabrac.net - de 11:00 a 0:00 h.* Puedes tomar café o comer platos vegetarianos y veganos en una espaciosa biblioteca de arte contemporáneo con patio interior. Ambiente moderno, muy apreciado por los florentinos.

22 Enoteca Pitti Gola e Cantina - **D6** - *Piazza Pitti 16 -* ✆ *055 212 704 - pittigolaecantina.com - de 12:00 a 23:00 h (22:00 h sá.) - se recomienda reservar.* Esta vinoteca, regentada por tres jóvenes entusiastas, cuenta con una selección de los vinos más importantes de la Toscana. Se degustan sentados en el antiguo mostrador de mármol o en la pequeña terraza frente al Palacio Pitti.

23 Golden View Open Bar - **D5** - *Via de' Bardi 54/56r -* ✆ *055 21 45 02 - de 12:00 a 15:30 h y de 18:00 a 22:00 h, fines de semana de 12:00 a 22:00 h, cerrado lu. y ma.* Con vistas al Arno, a los pies del Puente Vecchio, este local elegante y luminoso con un interior contemporáneo ofrece repostería, bebidas y pequeños platos, así como una amplia selección de cócteles y vinos servidos con aperitivos. En verano, es posible sentarse al aire libre y, algunas noches, asistir a conciertos de jazz.

98

24 **Enoteca Bevo Vino** - **E6** - *Via San Niccolò 59r - esquina Porta San Miniato - ☏ 055 200 17 09 - de 10:00 a 1:00 h.* Colorido bar donde los jóvenes se reúnen para beber vinos italianos, especialmente toscanos, y compartir generosas bandejas de quesos y embutidos de productores locales. Algunas noches el lugar se anima con conciertos en directo.

Heladerías

25 **Cantina del Gelato** - **E6** - *Via de' Bardi 31 - ☏ 055 05 01 617 - cantinadelgelato.it - de ma. a do. de 13:00 a 23:00 h (de 13:00 a 20:00 h en invierno).* Desde los grandes clásicos hasta los sabores más insólitos y originales (tarta de queso, queso de cabra y nueces, mascarpone e higos, vinsanto y cantuccini, etc.), ¡aquí todo está delicioso!

34 **Il Gelato di FiLo** - **E6** - *Via San Miniato 5r - ☏ 055 248 06 17 - de 12:00 a 21:00 h.* Pequeña heladería artesanal que ofrece una quincena de sabores, naturales y sin colorantes; ¡La mejor forma de reponer energías antes de emprender la subida a San Miniato!

Alrededores de Santo Spirito

Plano del barrio pág. 63

Bares y cafeterías

La agradable Plaza de Santo Spirito es el corazón de la vida nocturna del barrio.

26 **Café Cabiria** - **D6** - *Piazza Santo Spirito 8/9r - ☏ 055 21 57 32 - cafecabiria.com - de 10:00 a 2:00 h.* Famoso café frecuentado por una clientela joven e internacional, desde el desayuno hasta los cócteles nocturnos, pasando por el aperitivo. Música en vivo los fines de semana.

27 **Caffè degli Artigiani** - **D5** - *Via dello Sprone 16r - esquina con Piazza della Passera - ☏ 055 29 18 82 - caffedegliartigiani.wordpress.com - lu. de 11:00 a 23:00 h; mi., ju. y sá. de 11:00 a 22:00 h; ma., vi. y do. de 11:00 a 0:00 h.* Muy popular entre los florentinos, dispone de una con vistas a la Plaza de la Passera. Perfecto para un café, un aperitivo o una merienda.

33 **Pop Café** - **C5** - *Piazza Santo Spirito 18r - ☏ 055 21 74 75 - de 8:00 a 2:00 h.* Prueba sus tartas caseras para el desayuno, sus cócteles y los deliciosos y generosos buffets de aperitivos.

Pastelerías y cafeterías

30 **La Via del Tè** - **D5** - *Via Santo Spirito 11 - ☏ 055 28 07 49 - www.laviadelte.it - lu. de 15:00 a 20:00 h, de ma. a do. de 11:00 a 20:00 h .* En el prestigioso Palacio Frescobaldi, esta tienda dedicada al universo del té dispone de tres pequeñas salas y un bonito jardín.

Heladerías

28 **Gelateria della Passera** - **D5** - *Via Toscanella 15r/piazza della Passera - ☏ 055 291 882 - gelaterialapassera. wordpress.com - de 12:00 a 23:00 h.* Prueba la crema de siete fragancias: nata, canela, clavo, anís estrellado, piel de naranja y limón, y vainilla bourbon.

32 **Gelateria Santa Trinita** - **D5** - *Piazza Frescobaldi 11-12r - ☏ 055 23 81 130 - www.gelateriasantatrinita.it - de 11:00 a 23:00 h.* Este local elegante y retro ofrece helados de calidad con sabores y colores sorprendentes (¡ojo con el sésamo negro!). Haz una degustación con una vista incomparable del Puente Vecchio.

Compras

Emilio Pucci, Guccio Gucci y Salvatore Ferragamo crearon sus colecciones aquí mismo, en la ciudad de los Medici (☉ *Para saber más, pág. 146).* Para mimarte un poco sin gastar excesivamente, puedes pensar en planificar una visita durante la temporada **de rebajas** de verano o invierno, que generalmente va desde principios de julio hasta finales de agosto, y desde principios de enero hasta finales de febrero. Pero Florencia es sobre todo una ciudad de artesanos: desde la cerámica artística hasta los joyeros del Puente Vecchio, pasando por los anticuarios del Oltrarno y las marroquinerías de los alrededores de San Lorenzo. Sin olvidar las delicias locales, que puedes encontrar tanto en los puestos del mercado como en las tiendas de charcutería.

☉ **Encontrarás las direcciones en el mapa extraíble y en los planos de barrio gracias a los puntos numerados (por ejemplo, ❶). Las coordenadas en rojo (por ejemplo, C2) se refieren al mapa extraíble.**

El Duomo y el centro medieval

Plano del barrio pág. 17

Artesanía

❶ **Cuoio Simone Taddei - E5** - *Via Santa Margherita 11* - ✆ *055 23 98 960 - de lu. a sá. de 8:00 a 20:00 h.* Este artesano del cuero produce con esmero y respeto por la tradición cajas de diversas formas, monederos, cofres y artículos de escritorio, que requieren una compleja elaboración con un mínimo de 32 pasos.

Moda y complementos

❷ **Casa dei Tessuti - D4** - *Via de' Pecori 20* - ✆ *055 21 59 61 - www. casadeitessuti.com - de 10:00 a 13:00 h y de 15:00 a 19:00 h - cerrado do. y lu. por la mañana* . Desde 1929, la familia Romoli vende tejidos de todo tipo, desde los más suntuosos a los más modernos. También puedes encargar una camisa o una chaqueta a medida. Es una tienda frecuentada por la alta sociedad.

❹❹ **Bramada - E5** - *Via del Proconsolo 12r* - ✆ *055 239 99 82 - www.bramada. it - de lu. a sá. de 10:30 a 19:30 h, do. de 11:00 a 19:00 h* . Una encantadora tienda que ofrece una exquisita selección de ropa, joyas y artículos de decoración fabricados en la Toscana e Italia. Ideal para regalar o regalarse un recuerdo de calidad. Irresistibles chales tejidos a mano por la marca florentina Aquatellus.

❶❷ **Patrizia Pepe - D4** - *Via degli Strozzi 11/19r* - ✆ *055 230 25 18 - www.patriziapepe.com - de 10:30 a 19:30 h.* Esta casa de moda, fundada en 1993 por un matrimonio florentino, cuenta con más de 100 *showrooms* en todo el mundo. Ofrece *prêt-à-porter* muy femenino y práctico. La colección masculina se encuentra en Plaza San Giovanni 12r.

Gastronomía

♥ ❸ **Pegna - E4** - *Via dello Studio 8* - ✆ *055 28 27 01 - www.pegnafirenze.com - de lu. a sá. de 10:00 a 14:00 h y de 16:00 a 19:30 h; do. y festivos de 11:00 a 19:00 h.*

Ubicado en un edificio del siglo XV desde 1860, este delicatessen/supermercado de lujo ofrece los mejores productos italianos y especialidades de la región: vinos, aceite de oliva, conservas, embutidos, quesos, etc.

Plaza de la Signoria y los Uffizi

Plano del barrio pág. 17

Herboristería

4 Dr. Alessandro Bizzarri - **E5** - *Via della Condotta 32r* - ☎ *055 21 15 80* - *www.bizzarri-fi.biz* - *de 9:30 a 13:00 h y de 16:00 a 19:30 h* - *cerrado vi., sá. por la tarde y do.* ¿Farmacia, droguería, herboristería o alquimista? Es difícil dar una definición de esta tienda fundada en 1842, donde encontrarás todo tipo de hierbas, extractos, aceites esenciales, tintes, etc.

Moda

5 Boutique Nadine - **D5** - *Lungarno Acciaiuoli 22r* - ☎ *055 28 78 51* - *www.boutiquenadine.it* - *de lu. a sá. de 10:00 a 20:00 h, do. de 12:00 a 19:30 h.* Una tienda *vintage* con todo tipo de complementos: bolsos, vestidos, botas de cuero y accesorios. También cuenta con las creaciones de jóvenes diseñadores.

Artesanía

33 Signum - **D5** - *Lungarno Archibusieri 14r* - ☎ *055 28 93 93* - *www.signumfirenze.it* - *de vi. a do. de 10:00 a 18:00 h.* Aquí encontrarás artículos de encuadernación de cuero y papel de gran calidad, hechos a mano por un hábil artesano que trabajó como restaurador en la Biblioteca Nacional de Florencia, así como relojes, marionetas y juegos de escritura.

Boutique Nadine.

Alrededores de Santa María Novella

Plano del barrio pág. 34

Moda

En **via dei Tornabuoni**, entre el Arno y el Palacio Strozzi, se concentran un gran número de marcas de alta costura (Salvatore Ferragamo, Gucci, Emilio Pucci, Roberto Cavalli, etc.). Para vestirse con ropa de diseñador de pies a cabeza, io simplemente para el propio deleite!

17 Il Bisonte - D5 - *Via del Parione 31/33r* - ✆ *055 21 57 22* - *www.ilbisonte.com* - *lu. a sá. de 10:30 a 19:00 h, do. de 10:30 a 18:30 h* . Desde hace más de 30 años, Wanny Di Filippo, conocida en todo el mundo, fabrica bolsos, maletas y pequeños accesorios de piel de vacuno. La tienda de via del Parione ocupa los antiguos establos del Papa Corsini. Calidad garantizada y precios atractivos.

10 Midinette - D4 - *Piazza della Stazione 51r* - ✆ *327 364 50 05* - *de lu. a vi. de 10:30 a 19:30 h, sá. de 10:30 a 20:00 h y do. de 11:00 a 19:30 h* . Frente a la estación, una buena dirección para combinar un *look* femenino y deliciosamente retro. ¡Todas las prendas se fabrican en Italia!

Hogar

6 Richard Ginori - D4 - *Via de' Rondinelli 17r* - ✆ *055 21 00 41* - *www.richardginori1735.com* - *de lu. a sá. de 10:00 a 19:00 h* . Esta magnífica tienda, situada en la planta baja del Palacio Ginori desde 1802, conserva su mobiliario original. Aquí vivió Carlo Lorenzini, alias Collodi (el autor de Pinocho), hijo del cocinero del marqués Carlo Andrea Ginori. La fábrica de porcelana, fundada en 1735 por el marqués, fue comprada en mayo de 2013 por el grupo Gucci, antes de pasar a la coordinación directa del grupo Kering en 2016.

11 Bottega di Corte - D4 - *Via del Sole 11n* - ✆ *055 26 57 635* - *www.bottegadicorte.com* - *de ma. a do. de de 10:00 a 13:30 h y de 14:30 a 19:30 h* . Antigüedades, artículos *vintage* y nuevos: el ambiente nostálgico y el gusto por las cosas bonitas de antaño caracterizan esta tienda, que es un auténtico regalo para la vista.

13 Giotti Ceramiche - C-D4 - *Borgo Ognissanti 15r* - ✆ *055 21 68 03* - *www.giotti.net* - *de lu. a sá. de 9:00 a 19:00 h*. Colorida cerámica hecha a mano en el taller de Scandicci, muy próximo a Florencia.

15 Mio Concept Store - D4 - *Via della Spada 34r* - ✆ *055 26 45 543* - *www.mio-concept.com* - *lu. de 15:00 a 19:30 h; de ma. a sá. de 10:30 a 13:30 h y de 15:00 a 19:30 h; do. con cita previa* . Esta tienda-galería ofrece el arte callejero más creativo, joyas hechas a mano, regalos sostenibles y mucho más. Una dirección original y dinámica, que se beneficia de la colaboración con Clet, artista callejero bretón que trabaja en Florencia desde 2005.

16 Mario Luca Giusti - D5 - *Via della Vigna Nuova 88r* - ✆ *055 23 99 527* - *www.mariolucagiusti.com* - *lu. de 15:00 a 19:00 h; de ma. a sá. de 10:30 a 19:30 h* . Artículos para el hogar en melamina y vidrio acrílico que juegan con el estilo pop: vasos, jarras, botellas, bandejas, lámparas y candelabros de formas sinuosas y colores vivos.

Belleza y perfumes

7 **Dr. Vranjes** - **D4** - *Via della Spada 9r* - ☎ *055 28 87 96* - *www.drvranjes. com* - *de lu. a do. de 10:30 a 14:00 h y de 15:00 a 19:00 h.* Pequeña y sofisticada tienda donde encontrarás fragancias para el hogar en forma de ramos y velas.

❤ **8** **Officina Profumo-Farmaceutica di Santa Maria Novella** - **D4** - *Via della Scala 16* - ☎ *055 21 62 76* - *www.smnovella.it* - *de 10:00 a 19:00 h.* Los frailes dominicos de Santa María Novella transmitieron los secretos de sus productos de perfumería a la familia Stefani en 1866. Esta majestuosa tienda, situada en la antigua capilla del convento, vende productos de belleza refinados y naturales.

Arte y fotografía

18 **Faustini Arte** - **C4** - *Borgo Ognissanti 21/23r* - ☎ *055 21 80 21* - *www.galleriafaustini.it* - *cerrado do. y lu. por la mañana.* Galería de arte que, entre las numerosas creaciones de otros tantos artistas, ofrece las de Uliviero Ulivieri, cuyos temas son monjas y frailes con Florencia como telón de fondo. ¡Adorables! Litografías a partir de 100 €.

Gastronomía

14 **Dolce Forte** - **C4** - *Via della Scala 21* - ☎ *055 21 91 16* - *www.dolceforte.it* - *de lu. a sá. de 10:00 a 13:00 h y de 15:30 a 19:30 h.* Esta pequeña tienda ofrece una cuidada selección de productos de las mejores marcas italianas: chocolate, galletas, vinagre, salsas, aceites, pasta, etc.

Alrededores de San Lorenzo

Plano del barrio pag. 42

Ropa *vintage* y mucho más

Entre el Mercado Central y la Iglesia de San Lorenzo se encuentran vendedores de marroquinería, ropa y pequeños *souvenirs*.

22 **Melrose Vintage Store** - **E3** - *Via dei Ginori 18r* - ☎ *055 267 00 30* - *sá. de 10:00 a 20:00 h y do. de 14:00 a 20:00 h.* En un laberinto de habitaciones originalmente amuebladas, rebusca entre las perchas en busca de alguna joya escondida. Vaqueros, blusas, chaquetas: una amplia selección en esta tienda de ropa *vintage* centrada en las décadas de 1970, 1980 y 1990.

Gastronomía

20 **Il Cantuccio di San Lorenzo** - **D3** - *Via Sant'Antonino 23r* - ☎ *055 29 00 34* - *www.ilcantuccio disanlorenzo.it* - *de lu. a sá. de 9:30 a 19:30 h, do. de 10:00 a 18:30 h.* Sin duda, aquí es donde hay que comprar cantuccini, las tradicionales galletas toscanas, que se degustan después de mojarlas en Vin Santo. Además del clásico cantuccio de almendra, hay muchos otros sabores: higos secos y nueces, chocolate y avellanas, chocolate y naranja, etc., ¡todos ellos dignos de probar!

21 **DiVino** - **E3** - *Via Taddea 6r* - ☎ *055 26 70 508* - *lu. de 16:00 a 19:30 h; de ma. a sá. de 9:00 a 14:00 h y de 16:00 a 19:30 h .* Detrás del Mercado Central, esta exquisita tienda vende excelentes vinos, aceite de oliva, quesos, tomates secos y mermelada de cebolla.

Alrededores de San Marco

Plano del barrio pág. 48

Ropa *vintage*

19 Street Doing Vintage Couture - E4 - *Via dei Servi 88r - ☎ 055 538 13 34 - www.streetdoing vintage.it - de lu. a sá. de 10:30 a 19:30 h.* Tienda de ropa de segunda mano para hombre y mujer, donde se puede encontrar ropa de diseño pero también artículos más asequibles. Gafas, bolsos, ropa, camisas: la selección es amplia y de calidad.

Belleza

23 Farmacia SS. Annunziata - E4 - *Via de' Servi 80r - ☎ 055 21 07 38 - www. farmaciassannunziata1561.it - de lu. a vi. de 9:30 a 19:00 h, sá. de 10:30 a 19:00 h.* Un lugar histórico que conserva todo su encanto y que elabora productos de belleza de calidad desde 1561.

Alrededores de Santa Croce

Plano del barrio pág. 53

Antigüedades y segunda mano

24 Mercado delle Pulci - F5 - *Largo Pietro Annigoni - de 9:00 a 19:30 h.* En este pequeño mercadillo hay un mar de antigüedades, objetos de segunda mano y trastos: muebles, mesas, fotografías y postales antiguas, ropa, libros y todo tipo de objetos.

Hogar y belleza

25 Maestri di Fabbrica - E4 - *Borgo degli Albizi 68r - ☎ 055 24 23 21 - www.maestridifabbrica.it - de lu. a sá. de 10:00 a 19:00 h.* Algunos artesanos toscanos reúnen aquí su producción: artículos para el hogar, objetos de diseño, joyas, bolsos, jabones, etc.,

todo piezas únicas. Il Ritrovo dei Maestri, al lado, es el lugar ideal para una comida ligera o un aperitivo.

Gastronomía

26 Cioccolateria Vestri - E4 - *Borgo degli Albizi 11r - ☎ 055 23 40 374 - www.vestri.it - de lu. a sá. de 10:30 a 19:30 h.* Una dirección dedicada a los amantes del chocolate. Aquí todos los productos se basan en granos de cacao: desde bebidas hasta helados y repostería. ¡Una delicia!

27 Mercado de Sant'Ambrogio - F5 - *Piazza Lorenzo Ghiberti - www. mercatosantambrogio.it - de lu. a sá. de 7:00 a 14:00 h.* Desde 1873, carniceros, agricultores y charcuteros trabajan codo con codo en el mercado cubierto, mientras que en el exterior se encuentran verduleros y vendedores de joyas y artículos para el hogar.

Artículos de cuero

28 Tuorlo-Gabs - E4 - *Via Sant'Egidio 9r - ☎ 055 200 10 13 - www.tuorlo-kimi.com - lu. de 15:00 a 19:30 h; de ma. a sá. de 10:30 a 19:30 h .* Creaciones coloristas y juveniles: bolsos, mochilas, carteras, etc.

30 Scuola del cuoio - F5 - *Piazza Santa Croce 16/via San Giuseppe 5r - ☎ 055 244 534 - scuoladelcuoio.it - de lu. a sá. de 10:00 a 18:00 h.* Fundada a finales de la II Guerra Mundial por una familia de artesanos y frailes franciscanos, la Escuela del Cuero ocupa un ala de la Iglesia de Santa Croce. Incluye una galería de pequeñas tiendas con una amplia selección de artículos, desde mochilas escolares hasta ropa. También ofrece una gama de cursos, desde

principiantes hasta formación completa *(información en la pág. web)*.

Cerámica

29 **Sbigoli Terrecotte** - **E4** - *Via San Egidio 4r* - ☎ *055 247 97 13 - www. sbigoliterrecotte.it - de lu. a sá. de 9:30 a 13:00 h y de 14:30 a 19:30 h*. Esta tienda fundada en 1857 mantiene viva la tradición de la cerámica florentina. Encontrarás cerámica y objetos para el hogar y el jardín decorados con flores y frutas pintadas a mano. Se realizan motivos personalizados por encargo.

Artesanía

31 **Bottega Filistrucchi** - **E5** - *Via Giuseppe Verdi 9* - ☎ *055 23 44 901 - www.filistrucchi.com - lu. de 15:00 a 18:00 h; de ma. a vi. de 9:00 a 13:00 h y de 15:00 a 18:00 h; sá. de 9:00 a 12:30 h*. Activo desde 1720, este taller está especializado en maquillaje teatral y cinematográfico: merece la pena visitarlo por su originalidad.

Moda

32 **Fly - Fashion Loves you** - **E-F4** - *Borgo Pinti 20r* - ☎ *055 03 33 17 5 - fashionlovesyou.it - de lu. a vi. de 12:00 a 19:00 h*. Esta tienda gestionada por la escuela de moda Fast (Fashion & Accessory Studies & Technology) ofrece ropa y accesorios *vintage*, junto con las creaciones de los jóvenes diseñadores y estudiantes de la escuela. Los artículos expuestos cambian casi a diario. Creatividad garantizada.

Palacio Pitti y Jardines de Bóboli

Plano del barrio pág. 63

Mercado de las Pulgas, Largo Annigoni (ver pág. 104).

Joyas

34 **Alessandro Dari** - **E6** - *Via San Niccolò 115r* - ☎ *055 24 47 47 - www.alessandrodari.com - solicitar información sobre aperturas y horarios.* En este museo-tienda ubicado en un edificio histórico del siglo xv se pueden admirar todas las colecciones de orfebrería del maestro, ¡fruto de una auténtica pasión! Encontrarás anillos que son auténticas obras de arte, inspiradas en edificios medievales, militares o religiosos, así como piezas únicas inspiradas en cuentos de hadas como, por ejemplo, *La Bella Durmiente*. Un trabajo de orfebrería personalizado e imaginativo.

Papel

35 **Il Torchio** - **E6** - *Via dei Bardi 17 -* ☎ *055 23 42 862 - www.legatoria iltorchio.com - de lu. a vi. de 10:00 a 13:30 h y de 14:30 a 17:00 h*. En esta tienda podrás comprar libretas, agendas, marcos y cajas artesanales elaboradas con papel marmoleado a mano, lienzos de colores y cuero florentino. Precios moderados.

Perfumes

36 **Lorenzo Villoresi** - **E6** - *Via dei Bardi 12 - ☎ 055 23 41 187 - www. lorenzovilloresi.it - de lu. a sá. de 10:00 a 19:00 h.* El espléndido palacio del gran maestro perfumista alberga en la planta baja su *boutique,* y en la planta superior su estudio privado, además de una magnífica terraza panorámica. Para completar el descubrimiento del universo del perfume, es posible visitar el museo y el jardín con la colección botánica de plantas aromáticas *(visita de lu. a sá. con cita previa al 055 234 07 15 o info@museovilloresi.it - 18 €).*

Alrededores de Santo Spirito

Plano del barrio pág. 63

Gastronomía

37 **Olio & Convivium** - **D5** - *Via Santo Spirito 4 - ☎ 055 26 58 198 -oliorestaurant.it - de ma. a do. de 10:00 a 14:30 h y de 17:30 a 22:00 h (23:00 h do.).* Tienda *gourmet* con espacio de restauración dedicado especialmente al mundo del aceite. Ideal para repostar con quesos, embutidos, aceites, salsas y condimentos.

Joyas

38 **Angela Caputi** - **D5** - *Via Santo Spirito 58r - ☎ 055 21 29 72 - www. angelacaputi.com - de ma. a sá. de 10:00 a 13:00 h y de 15:30 a 19:30 h.* Las joyas de Angela Caputi, en resina

coloreada, destacan por su gusto, estilo y diseño. La diseñadora florentina mantiene precios muy razonables para que sus creaciones sean accesibles a todos. Encontrarás una segunda tienda en el barrio de los Uffizi *(Borgo SS. Apostoli 44/46).*

Textiles y artículos para el hogar

39 **Antico Setificio Fiorentino** - **C5** - *Via Lorenzo Bartolini 4 - ☎ 055 21 38 61 - anticosetificiofiorentino.com - de lu. a vi. de 9:00 a 18:00 h, con cita previa .* El taller Antico Setificio Fiorentino, fundado en 1786 por los Pucci, es un auténtico museo de la seda.

Artesanía artística

40 **L'Ippogrifo** - **D5** - *Via Santo Spirito 5r - ☎ 055 21 32 55 - www. ippogrifostampedarte.com - de lu. a sá. de 10:00 a 19:00 h, do. con cita previa.* Taller que produce grabados originales, grabados a mano y firmados, como lo hacían los artesanos florentinos hace cinco siglos.

41 **Galleria Romanelli** - **C5** - *Borgo San Frediano 70 - ☎ 055 23 96 047 - www. raffaelloromanelli.com - de lu. a vi. de 10:00 a 13:00 h y de 14:00 a 18:00 h.* Un encantador taller de escultura donde se trabaja el bronce y el mármol para crear bustos, estatuas, fuentes y jarrones. Fue fundado en 1829 por el famoso escultor Lorenzo Bartolini y luego pasó a manos de su alumno predilecto, Pasquale Romanelli. En la actualidad, los descendientes de Romanelli continúan el negocio ampliando la oferta de servicios, que también incluye interesantes cursos de modelado en arcilla, escayola y moldeado *(60 €/3h).*

Salir de noche

Para estar siempre informado sobre espectáculos y conciertos en la ciudad, consulta las siguientes páginas web: www.firenzespettacolo.it, www.informacitta.net

Box Office Toscana - *Via delle Vecchie Carceri 1 - Le Murate - ☎ 055 21 08 04 - www.boxofficetoscana.it - de lu. a sá. de 10:00 a 19:00 h.* Venta de entradas para conciertos y espectáculos teatrales.

☾ **Encontrarás las direcciones en el mapa extraíble y en los planos de barrio gracias a los puntos numerados (por ejemplo, ❶). Las coordenadas en rojo (por ejemplo, C2) se refieren al mapa extraíble.**

El Duomo y el centro medieval

Plano del barrio pág. 17

Música clásica

❶ **Orchestra da Camera Fiorentina** - **E5** - *Orsanmichele, via dell'Arte della Lana - ☎ 340 389 65 54 - orchestradacamerafiorentina.it - taquilla: de ma. a sá. de 10:00 a 13:30 h y de 14:30 a 20:00 h, y 2 h antes del comienzo del concierto.* La Orchestra da Camera Fiorentina celebra regularmente conciertos de música de cámara en el Museo de Orsanmichele y en el Auditorio de la Iglesia de Santo Stefano, cerca del Puente Vecchio *(Plaza Santo Stefano, acceso desde la calle por Santa María).*

Alrededores de Santa María Novella

Plano del barrio pág. 34

Música clásica

❸ **Opera di Firenze** - **B3** - *Piazzale Vittorio Gui 1 - ☎ 055 200 12 78 - www.maggiofiorentino.com - taquilla: de 11:00 a 13:00 h y de 15:00 a 18:00 h, y 2 h antes del comienzo del concierto.*

Entre la antigua estación Leopolda (hoy centro cultural) y el Parque de las Cascine, el edificio, inaugurado en 2011, es el nuevo templo de la música clásica en Florencia y sede del prestigioso Festival Maggio Musicale Fiorentino.

Alrededores de San Marco

Plano del barrio pág. 49

Clubes y discotecas

⓱ **Kitsch II** - **E3** - *Via San Gallo 22r - ☎ 328 90 39 289 - de 17:30 a 14:00 h* Un club joven y psicodélico que ofrece un gigantesco bufé de aperitivos hasta las 23:00 h, seguido de sesiones de DJ o música en directo. Es mejor llegar pronto, ya que siempre está abarrotado.

Alrededores de Santa Croce

Plano del barrio pág. 53

Música clásica

❤ ❽ **Teatro Verdi** - **E5** - *Via Ghibellina 99 - ☎ 055 212 320 - www. teatroverdifirenze.it - taquilla: de ma. a vi. de 10:00 a 13:00 h y 16:00 a 19:00 h.* La Orchestra Regionale Toscana (ORT) ha elegido este teatro, fundado en

1854, como sede. Conciertos de música clásica, pop o jazz, ópera, opereta e incluso estrenos cinematográficos en el auditorio
rojo y dorado de 1.500 plazas.

Teatro

⑤ ETI - Teatro della Pergola - E4
- Via della Pergola 12/32 - ☎ 055 226 41 - www.teatrodellapergola.com
- taquilla: de lu. a sá. de 10:00 a 20:00 h y ☎ 055 076 33 33 . Uno de los teatros de ópera más antiguos de la ciudad (siglo XVII), reconocido como monumento histórico en 1925. Teatro todo el año y ópera durante el festival de música de mayo.

⑦ Teatro del Sale - F5 *- Via dei Macci 111r - ☎ 055 200 14 92 - www. teatrodelsale.com - se requiere carné de socio (15 €) - reserva obligatoria para cena + espectáculo* . El Círculo Teatro del Sale es una asociación cultural que ofrece espectáculos de música, danza y teatro. Prueba el *brunch (sá. y do. de 12:00 a 15:00 h)* o la cena bufé, preparada por el personal del Cibrèo, que precede a cada espectáculo.

Clubes y discotecas

⑥ Moyo - E5 *- Via de' Benci 23r - ☎ 055 247 97 38 - www.moyo.it - de lu. a ju. de 8:00 a 2:00 h, vi. y sá. de 8:00 a 3:00 h, do. de 9:00 a 2:00 h.* Este lugar de ambiente urbano es también una excelente opción para tomar el aperitivo y ofrece sesiones de DJ a partir de las 20:00 h.

⑨ Rex Café - F4 *- Via Fiesolana 25r - ☎ 055 248 03 31 - www.rexfirenze.com - 20:00 a 2:00 h.* Los jóvenes florentinos de moda acuden en masa a este local, ligeramente retro, donde a veces hay que pelearse para llegar a la barra. Cócteles y sesiones de DJ.

Palacio Pitti y Jardines de Bóboli

Plano del barrio pág. 63

Clubes y discotecas

⑩ Il Rifrullo - E6 *- Via di San Niccolò 55r - ☎ 055 23 42 621 - www.ilrifrullo. com - de 7:30 a 2:00 h* . Bar americano abierto todo el día, es la guarida de los noctámbulos florentinos que vienen a disfrutar de los numerosos cócteles de la casa en el agradable jardín, desde los grandes clásicos a recetas más originales.

Alrededores de Santo Spirito

Plano del barrio pág. 63

Clubes y discotecas

⑪ La Cité - Libreria Café - C5 *- Borgo San Frediano 20r - ☎ 055 210 387 - www.lacitelibreria.info - de do. a mi. de 15:00 a 1:00 h; de ju. a sá. de 15:00 a 2:00 h.* Librería-café-asociación cultural, organiza diversos eventos: *jam sessions*, tango argentino, conciertos y espectáculos. Clientela joven.

⑫ Volume - D6 *- Piazza Santo Spirito 5r - ☎ 055 23 81 460 - www.volume.fi.it - de 16:30 a 2:00 h.* Este local insólito y encantador, ubicado en un antiguo taller de tallado de madera, ofrece aperitivos *(18:30 a 22:00 h)*, cócteles y conciertos de música en directo.

109

Dónde dormir

Es recomendable reservar una habitación con suficiente antelación, o bien contactar con las oficinas de la Agencia de Turismo de Florencia, consultar la página web www.feelflorence.it/es, en la sección Dónde dormir, o utilizar buscadores especializados. Para elegir el barrio (☾ *cuadro a continuación*).

☾ Encontrarás las direcciones en el mapa extraíble y en los planos de barrio gracias a los puntos numerados (por ejemplo, ❶). Las coordenadas en rojo (por ejemplo, C2) se refieren al mapa extraíble.

El Duomo y el centro medieval

Plano del barrio pág. 17

Menos de 110€

❷ **Relais Il Campanile al Duomo** - **E4**
- *Via Ricasoli 10* - ☏ *055 21 16 88*
- *www.relaiscampanile.it* - 7

habitaciones 75/95 € - 🛏 *suplemento - 2 noches mínimo en temporada alta.* Encantador B&B en la primera planta de un edificio restaurado del siglo XVII, que ofrece acogedoras habitaciones con todas las comodidades, amuebladas con esmero. Aparcamiento de pago a 1 km del hotel.

La elección del barrio

Duomo y Plaza de la Signoria - En la maraña de callejuelas medievales estarás en el corazón del centro histórico de Florencia. Muy populares entre los turistas, estos barrios tienen un inmenso encanto, especialmente por la mañana temprano y al atardecer.

Santa María Novella - A menos de 10 minutos del Duomo, este céntrico distrito concentra tiendas de lujo, galerías de arte, anticuarios, pequeños restaurantes con encanto y tabernas.

San Lorenzo y San Marco - No muy lejos de la estación y del mercado principal de la ciudad, San Lorenzo es muy animado, lleno de pequeños restaurantes y trattorias y muy cerca de los principales lugares para visitar. Al norte, el barrio de San Marco, que se desarrolla alrededor de la Plaza Santissima Annunziata, es mucho más tranquilo.

Santa Croce - Este barrio se estructura en torno a la gran plaza, de la que toma su nombre. Animado por el Mercado de Sant'Ambrogio y numerosos restaurantes y discotecas, es el lugar ideal para los noctámbulos.

Pitti y Bóboli - Oltrarno, sin ser periférico, es más aireado y menos ajetreado que los demás, es uno de los barrios más verdes de la ciudad.

Santo Spirito - Lleno de tiendas de artesanos y galerías de arte, este barrio, favorito entre los florentinos, tiene la indudable ventaja de estar un poco alejado de todo. La vida nocturna del barrio se concentra alrededor de la Plaza Santo Spirito y la Plaza de la Passera.

De 110 a 150€

4 **B&B Dei Mori** - **E5** - *Via Dante Alighieri 12 - ☎ 055 21 14 38 - ▤ - 5 habitaciones 125/145 € - ☕ aparte - 2 noches mínimo en temporada alta.* Cerca de la casa de Dante y a pocos pasos del Duomo, un palacio del siglo XV alberga este acogedor B&B. La atención a los detalles románticos crea un ambiente clásico.

Plaza de la Signoria y los Uffizi

Plano del barrio pág. 17

De 110 a 150€

46 **Hotel Torre Guelfa** - **D5** - *Borgo SS. Apostoli 8 - ☎ 055 23 96 338 - www.hoteltorreguelfa.com - ▤ - 31 habitaciones 129/199 € ☕.* No lejos del Puente Vecchio, este palacio del siglo XIV ofrece habitaciones acogedoras y bien cuidadas, amuebladas con gusto y algunos toques retro. Una de ellas incluye una terraza con vistas a la ciudad. Rico desayuno bufé.

Más de 150€

5 **La Casa del Garbo** - **E5** - *Piazza della Signoria 8 - ☎ 055 29 33 66 - www.casadelgarbo.it - ▤ - 12 habitaciones 160/195 € ☕.* Dentro de un edificio histórico (sin ascensor) con vistas a la Plaza de la Signoria, frente al Palacio Vecchio, ofrece habitaciones amuebladas con gusto y suites independientes con cocina.

Alrededores de Santa María Novella

Plano del barrio pág. 34

Más de 110€

11 **Hotel Milù** - **D5** - *Via de' Tornabuoni 8 - ☎ 055 21 71 03 - hotelmilu.com/es - 22 habitaciones 115/325 € ☕.* Bien situado en via Tornabuoni, este elegante hotel de diseño moderno funciona también como galería de arte contemporáneo, exponiendo numerosas obras de artistas italianos e internacionales a lo largo de las escaleras y pasillos. El desayuno se sirve en la terraza del último piso o entre las mesas de la biblioteca, repleta de libros de arte.

Más de 150€

1 **Hotel Nizza** - **D4** - *Via del Giglio 5 - ☎ 055 23 96 897 - www.hotelnizza. com/it - 18 habitaciones 140/185 € ☕.* A dos pasos del Duomo y de la estación, este hotel ofrece habitaciones sencillas pero confortables con decoración típica florentina. Una buena dirección: céntrica, tranquila y no demasiado cara.

58 **Hotel Unicorno** - **D4** - *Via dei Fossi 27 - ☎ 055 28 73 13 - www. hotelunicorno.it - 27 habitaciones 150/170 € ☕.* Situado en una calle famosa por sus tiendas de antigüedades, dentro de un edificio del siglo XVII, combina la elegancia del estilo de época con el confort moderno.

Alrededores de San Lorenzo y San Marco

Plano del barrio págs. 42 y 49

Menos de 110€

8 **Antica Dimora Johanna I** - **E2** - *Via Bonifacio Lupi 14 - ☎ 055 48 18 96 - www.antichedimorefiorentine.it/it - ▤ - 10 habitaciones desde 90 € ☕.*

En la primera planta de un edificio del siglo XIX, este fue el primer B&B de la pequeña cadena de lujo Antiche Dimore Fiorentine. Ofrece una cálida bienvenida en un ambiente familiar, y habitaciones cómodas, espaciosas y bien cuidadas. Los huéspedes tienen a su disposición libros y revistas, así como un ordenador portátil para su uso durante la estancia.

De 110 a 150€

55 **Hotel Collodi** - **E3** - *Via Taddea 6 - ☎ 055 29 13 17 - www.hotelcollodi. com - 🖻 - 12 habitaciones 111/162 € ☕.* Situado detrás del Mercado de San Lorenzo, este encantador hotel lleva el nombre del autor de *Pinocho*, que nació y vivió cerca. Habitaciones agradables, terraza y servicio atento.

Más de 150€

7 **Antica Dimora Firenze** - **E2** - *Via San Gallo 72 - ☎ 055 46 27 296 - www.antichedimorefiorentine.it/it - 🖻 - 6 habitaciones 159/199 €.* Esta residencia ha conservado el carácter de las antiguas casas florentinas. Las habitaciones, con muebles antiguos, son todas diferentes.

10 **Antica Dimora Johlea** - **E2** - *Via San Gallo 80 - ☎ 055 46 33 292 - www.antichedimorefiorentine.it/it - 🖻 - 6 habitaciones 169/229 €.* Situada en un barrio residencial muy tranquilo, esta pequeña residencia es el último B&B de la cadena Antiche Dimore Fiorentine (☎ arriba). El ambiente es íntimo y cuidado, el mobiliario, procedente de una residencia aristocrática, le confiere un estilo elegante. No hay que perderse la terraza con una vista de 360° sobre la ciudad.

Alrededores de Santa Croce

Plano del barrio pág. 53

Menos de 110€

16 **Hotel Locanda Orchidea** - **E4** - *Via Borgo degli Albizi 11 - ☎ 055 200 14 10 - www.locandaorchidea.it - 7 habitaciones 85/100 € ☕.* El propietario de esta pequeña pensión, ha conseguido crear un ambiente agradable. Habitaciones amplias y de techos altos, baño compartido.

Más de 150€

12 **Plaza Hotel Lucchesi** - **F6** - *Lungarno della Zecca Vecchia 38 - ☎ 055 262 36 - www.hotelplaza lucchesi. it - 92 habitaciones 125/350 € ☕.* Las habitaciones decoradas de forma clásica, tienen vistas al río Arno o a los tejados del barrio de Santa Croce. Terraza con piscina y vistas de 360°.

9 **Palazzo Galletti B&B** - **E4** - *Via Sant'Egidio 12 - ☎ 055 390 57 50 - www.palazzogalletti.it - 🖻 - 11 habitaciones desde 150 € ☕.* Esta residencia ofrece habitaciones con nombres de planetas del Sistema Solar. Preciosos baños de mármol travertino.

Alrededores de Santo Spirito

Plano del barrio pág. 63

Menos de 110€

13 **Ostello Tasso** - **B6** - *Via Villani 15 - ☎ 055 060 20 87 - hostelotasso.it/en - 2 habitaciones individuales y 3 compartidas 55/85 € ☕.* Este albergue de estilo industrial ofrece dormitorios mixtos (hasta 6 personas y baño compartido) y habitaciones

Ph. Antonio De Vito/Courtesy Antica Dimo'a Johlea

Una de las habitaciones de la Antica Dimora.

individuales. El desayuno se sirve en una cafetería de ambiente retro. Cocina, salón y lavandería de libre acceso. Alquiler de bicicletas.

36 Althea Rooms - **C6** - *Via delle Caldaie 25 - ✆ 055 23 35 341 - www.florencealthea.it - 6 habitaciones 75/92 €.* Pequeño alojamiento en el primer piso de un edificio que ofrece habitaciones sencillas pero confortables. Cálida bienvenida.

Más de 150€

37 Palazzo Guadagni - **D6** - *Piazza Santo Spirito 9 - ✆ 055 26 58 376 - www.palazzoguadagni.com - 14 habitaciones 217/274 € ☕.* En el barrio de Oltrarno, amplias y luminosas habitaciones con vistas a Florencia, en un palacio renacentista.

Fiesole

Plano de los alrededores pág. 79

Más de 150€

Pensione Bencistá - *Via Benedetto Da Maiano - ✆ 055 591 63 - www.bencista.com - ✗ ♿ - 41 habitaciones 168/213€.* Esta villa del siglo XIV situada en las colinas de Fiesole ofrece una vista única de la ciudad de Florencia. Todas las habitaciones están elegantemente amuebladas con muebles de época y el ambiente es el de una casa familiar conservada en su sencillez y refinamiento.

INFORMACIÓN PRÁCTICA

Plaza de Santa Croce.
Fani Kurti/Getty Images Plus

Preparar el viaje

Ir en avión

☾ Llegar a Florencia, pág. 3.
Solo una pequeña parte de los vuelos europeos y nacionales llegan al **aeropuerto Amerigo Vespucci** (Via del Termine 11; *℘ atención al cliente 055 306 18 30; www.aeroporto.firenze.it*), que está a 5 km del centro de Florencia. La conexión entre la ciudad (estación Santa María Novella) y el aeropuerto está garantizada por la lanzadera «Vola in Bus» (6 €; el billete se puede adquirir a bordo; salidas cada 30 minutos de 6:00 a 20:30 h y cada 60 min de 20:30 a 00:30 h; el trayecto dura aproximadamente 20 min).
El **aeropuerto de Pisa Galileo Galilei** (*℘atención al cliente 050 84 93 00; www.pisa-airport.com*) está a 80 km de Florencia; un tren cada hora asegura la conexión entre las dos ciudades.

Aerolínea nacional

ITA Airways - *℘ 800 936 090* (todos los días de 6:00 a 0:00 h) - www.ita-airways.com
Vuelos directos desde Roma a Florencia.

Aerolíneas de bajo costo

Iberia - www.iberia.com. Vuelos directos de Madrid y Barcelona a Florencia.
Vueling - www.vueling.com. Vuelos directos desde Barcelona y Madrid a Florencia.
Ryanair -www.ryanair.com. Vuelos directos desde Bari, Brindisi, Catania, Cagliari, Lamezia Terme, Palermo y Trapani a Pisa.

Ir en tren

A la estación principal de **Santa María Novella** llegan trenes regionales, interregionales, de alta velocidad y líneas internacionales.
Los trenes de alta velocidad pertenecen a Trenitalia (Le Frecce) e Italo (los billetes requieren reserva).
Trenitalia - *℘ atención al cliente 89 20 21* (todos los días las 24 horas) - www.trenitalia.com. Trenes rápidos directos (Frecciarossa) desde Bolonia, Milán, Nápoles, Padua, Reggio Emilia, Roma, Salerno, Turín, Venecia, Verona. Trenes locales desde las principales ciudades de la Toscana.
Italo - *℘atención al cliente 89 20 20* (todos los días de 6:00 a 23:00 h) y *℘ 06 07 08* (número gratuito para la compra de billetes, todos los días de 7:00 a 23:00 h) - www.italotreno.it. Trenes rápidos directos desde Bolonia, Ferrara, Milán, Nápoles, Reggio Emilia, Roma, Rovigo, Salerno, Turín, Trento, Verona.

Ir en autobús

FlixBus - www.flixbus.it. Esta compañía de autobuses de larga distancia conecta Madrid (24 h 40 min) y Barcelona (15 h 10 min) con Florencia. Tiene paradas en viale XI Agosto (punto de control de autobuses turísticos Guidoni), viale Filippo Strozzi - Piazzale Montelungo, via Santa Caterina da Siena 17 y el aparcamiento de Villa Costanza en Scandicci.

Cuándo ir

Situada al pie de los Apeninos, en un valle a orillas del Arno, Florencia goza de una posición geográfica privilegiada. Su posición en el interior de la Toscana hace que su clima sea continental.

Inviernos - Fríos y húmedos, con temperaturas entre 2 y 6 °C.

Veranos - Sofocantes, con picos de calor que pueden superar los 30 °C.

Precipitaciones - El otoño es la estación en la que las precipitaciones son más frecuentes, sobre todo en noviembre.

Las estaciones más bellas : evita el periodo estival, en favor de la suavidad de **mayo**, **junio**, **septiembre** y **octubre**. De esta manera podrás asistir a uno de los conciertos del prestigioso musical florentino Maggio Festival o a la tradicional final del Calcio Storico florentino en junio, donde los jugadores compiten vestidos con trajes renacentistas. A principios de septiembre se celebra la Fiesta de la Rificolona: miles de farolillos de papel iluminan la ciudad y su río (☞ *Actividades y eventos, pág. 130, y Para saber más, pág. 149*).

Personas con discapacidad

Toscana es un ejemplo en materia de asistencia a personas con movilidad reducida. A la mayoría de las iglesias y monumentos de Florencia se puede acceder en silla de ruedas, si bien en ocasiones a través de rampas bastante empinadas. Las personas con discapacidad generalmente no hacen cola en la entrada y se benefician de descuentos o entradas gratuitas. Los autobuses están equipados con un andén con piso rebajado, mientras que el tranvía no tiene diferencia de altura entre el andén y la entrada al vagón. Para desplazarse en taxi, las empresas Cotafi y Socota (☞ *pág. 124*) cuentan con vehículos especialmente adaptados.

Los baños públicos (☞ *pág. 120*) son accesibles para personas discapacitadas.

www.feelflorence.it/es - En la sección «Sin barreras» a Firenze encontrarás información sobre los servicios para personas con movilidad reducida.

Presupuesto

Alojamiento

Los hoteles son bastante caros si se reserva a última hora: en temporada alta son raras las habitaciones dobles por menos de 130 €. Por otro lado, los precios en temporada baja (noviembre-enero) pueden bajar hasta un 30 %. Las mejores ofertas las encontrarás en Internet, sobre todo reservando con antelación.

Restauración

Numerosas vinotecas y charcuterías ofrecen la posibilidad de comer bien a la hora del almuerzo, gastando unos 10 euros. En los restaurantes más tradicionales, la cuenta supera fácilmente los 35/40€ por persona si quieres hacer una comida completa o beber un buen vino. Toscana produce vinos tintos de excelente calidad y una botella de Brunello o Supertuscan (Ornellaia, Sassicaia, Tignanello, por nombrar solo algunos) puede duplicar la cuenta fácilmente.

Para saber más

Centro de contacto turístico

El Ayuntamiento de Florencia ha creado un canal telefónico dedicado a la información turística (☎ 055 000, de lu. a sá. de 9:00 a 19:00 h, do. de 9:00 a 14:00 h), que proporciona información sobre eventos, exposiciones, servicios turísticos, horarios de apertura de los museos, accesibilidad y tráfico en cinco idiomas diferentes.

Páginas Web

www.feelflorence.it/es - La página web oficial de turismo del Ayuntamiento de Florencia y su área metropolitana.

www.destinationflorence.com - Es el mercado oficial de Florencia, donde es posible adquirir los servicios turísticos de la ciudad, desde estancias en hoteles, a entradas a museos, espectáculos teatrales, tours y mucho más.

Lecturas

Arte

- Volúmenes dedicados a lugares de arte excepcionales: *Uffizi, Florencia*; *Galería de la Academia, Florencia*; *Museo Bargello, Florencia* (Corriere della Sera, col. «Las obras maestras del arte - Museos del mundo»).
- Los grandes artistas florentinos: *Miguel Ángel*; *Leonardo*; *Raffaello*; *Botticelli*; *Giotto*; *Tiziano*, *Masaccio* (Corriere della Sera, col. «Cuenta Philippe Daverio»).
- Leonardo da Vinci, *Tratado de pintura* (Demetra, col. «Acuarelas», 1998).
- P. Marton y M. Scalini, *Florencia, los siglos de oro* (Magnus Edizioni, 1998).
- G. Andres, J. Hunisak y R. Turner, *El arte de Florencia* (Magnus Edizioni, 2 vol., 1989): este bello homenaje fotográfico permite descubrir en profundidad las grandes obras maestras florentinas.

Novelas

- H. James, *Retrato de una dama* (Alianza, 2009): las aventuras de un joven idealista americano en la Florencia de finales del siglo xix.
- M. McCarthy, *Las piedras de Florencia* (Ariel, 2008): Florencia en el apogeo del Renacimiento.
- J. y E. Pennell, *L'Italia in velocipede* (Sellerio editore, 2002): el viaje en bicicleta de Florencia a Roma del matrimonio estadounidense Pennell en 1884.
- A. Barbero, *Dante* (Acantilado, 2021): biografía histórica de Dante y al mismo tiempo un viaje por la Florencia medieval.

La estancia de la A a la Z

Artesanía típica

La **orfebrería** es el buque insignia de la tradición artesanal florentina: hay numerosos talleres repartidos por el centro histórico, especialmente en el entorno y el interior del Puente Vecchio. La **elaboración del cuero** es otra de las especialidades de Florencia: bolsos, zapatos, chaquetas y cinturones son solo algunas de las creaciones de marroquinería que se pueden encontrar en las tiendas artesanales de la ciudad, concentradas sobre todo en el barrio de Santa Croce.

Baños públicos

Los baños públicos (1 €) están perfectamente indicados en varios lugares del centro de la ciudad: estación de Santa María Novella; Mercado Central San Lorenzo; Plaza de la Signoria; Puente San Niccolo; via del Proconsolo; Plaza dei Ciompi; Barrio Santa Croce; Mercado de Sant'Ambrogio; via dello Sprone; Plaza Michelangelo, Plaza Santo Spirito, Plaza Ghiberti, Plaza San Giovanni. La mayoría de los aseos públicos son accesibles para discapacitados.

Bicicletas

Es una excelente solución para visitar Florencia. Algunos hoteles alquilan bicicletas. Hay un mapa de los carriles bici disponible en la página web www.firenzeciclabile.it.
RideMovi - www.ridemovi.com/es. Es el sistema de alquiler de bicicletas de la ciudad. Para utilizar el servicio, descárgate la aplicación gratuita Movi by Mobike (App Store o Google Play). Además de las bicicletas «tradicionales», también las hay eléctricas.
Florencia by bike - Via San Zanobi 54r - ☏ 055 48 08 14 - www.florencebybike.it. Alquila diferentes tipos de bicicletas y *scooters* y ofrece recorridos organizados acompañados de un guía.

Farmacias

Farmacia Municipal - Piazza della Stazione (dentro de la estación) - ☏ 055 21 67 61 - abierto las 24 h del día.
Mapa de Molteni - Via Calzaiuoli 7r - ☏ 055 21 54 72 - www.farmacia molteni. com - todos los días de 8:00 a 22:00 h.

Impuesto turístico

Las tarifas dependen del tipo de estructura y categoría (desde un máximo de 5 € para hoteles de 5 estrellas a 3 € para los de 1 estrella) y se calculan por persona y por noche, hasta un máximo de 7 noches consecutivas (exentos los niños menores de 12 años). El responsable de la instalación tiene la obligación de informar a su cliente a su llegada, cobrar el impuesto y expedir el correspondiente recibo.

Internet

La mayoría de los hoteles de Florencia, así como muchas tiendas, las principales bibliotecas y los lugares turísticos de la ciudad (la zona mejor comunicada es la central) ofrecen Wi-Fi gratuito.

Mercados

Muy pintorescos, permiten abastecerse de productos típicos, encontrar objetos insólitos o productos artesanales y disfrutar de una comida elaborada con los exquisitos ingredientes de la cocina toscana. Aquí hay algunas direcciones:
Mercado Central - *Piazza del Mercato Centrale/Via dell'Ariento - www.mercatocentrale.it - todos los días de 9:00 a 0:00 h.* Puestos de productos frescos en la planta baja, tiendas de alimentación y restaurantes en la primera planta (☞ *pág. 87*).
Mercado de San Lorenzo - *Piazza S. Lorenzo/via dell'Ariento - de ma. a sá.* Artículos de cuero y prendas de vestir.
Mercado de Sant'Ambrogio - *Piazza Lorenzo Ghiberti - www.mercatosantambrogio.it - de lu. a sá. de 7:00 a 14:00 h.* Productos alimenticios.
Mercado Cascine - *Viale Lincoln - ma. de 7:00 a 14:00 h.* El mercado más grande de la ciudad. Alimentos, ropa, artículos para el hogar, artesanía.
Mercado de Santo Spirito - *Piazza Santo Spirito - todas las mañanas.* Productos alimenticios. Cada tercer domingo de mes, excepto agosto, se celebra la **Fierucola**, con productos de agricultura ecológica de pequeñas empresas familiares y artesanía natural tradicional (*www.lafierucola.org*).
Mercado de las Pulgas - *Largo Pietro Annigoni - de lu. a sá.* Antigüedades y artesanía florentina.
Mercado del Porcellino - *Piazza del Mercato Nuovo - www.mercatodelporcellino.it - todos los días de 9:00 a 18:30 h.* Productos artesanales de cuero hechos en Toscana, artículos de seda y tapices.

Numeración de las calles

En principio se debe partir del Arno por los recorridos perpendiculares al río y seguir el curso del agua por los paralelos. Sin embargo, a veces es un poco anárquica. No obstante, la distinción entre números **rojos** (indicados con una «r») y números **negros** es sencilla y no crea confusión: los números rojos indican locales con actividades comerciales, los negros indican apartamentos y hoteles.

Oficinas de turismo

Los cuatro puntos de información de Florencia, gestionados por el Ayuntamiento, te proporcionarán información y material gratuitos:
Aeropuerto Amerigo Vespucci - Via del Termine 11 (lado izquierdo para llegadas) - ✆ 055 31 58 74 - de lu. a sá. de 9:00 a 19:00 h, do. de 9:00 a 14:00 h.

121

> ### Números de emergencia
> **Número único de emergencia**: ✆ 112.
> **Emergencia sanitaria**: ✆ 118
> **App**: 112 Where Are U? (App Store, Google Play y Microsoft Store).
> **Artículos perdidos**: ✆ 055 33 48 02.
> **Tarjetas de crédito perdidas**:
> American Express: ✆ 06 72 900 347,
> Master Card: ✆ 800 870 866,
> Visa: ✆ 800 819 014.

Piazza della Stazione 4 - ✆ 055 000 - de lu. a sá. de 9:00 a 19:00 h, do. y festivos de 9:00 a 14:00 h.
Borgo Santa Cruz 29r - ✆ 055 269 12 07 - de lu. a sá. de 9:00 a 19:00 h, do. y festivos de 9:00 a 14:00 h.
Via Cavour 1r - ✆ 055 29 08 32 - de lu. a vi. de 9:00 a 13:00 h.
✆ www.feelflorence.it/es, www.destinationflorence.com.

Oficinas de correos

Las sucursales abren generalmente de lu. a vi. de 8:20 a 13:35 h, los sábados de 8:20 a 12:35 h (algunas oficinas en el centro de la ciudad abren ininterrumpidamente hasta las 19:00 h).
Firenze V.R. via Pellicceria 3, ✆ 055 273 64 81
Firenze 4 via dei Barbadori 37r, ✆ 055 28 81 75
Firenze 7 via Verdi 24, ✆ 055 22 67 42 31
Firenze 39 via Alamanni 14r, ✆ 055 267 49 31

Oficios históricos

Son alrededor de 60 empresas las que forman parte de la **Associazione Esercizi Storici, Tradizionali e Tipici Fiorentini** (www.esercizistoricifiorentini.it), reconocible por el logo colocado en los escaparates. La tipología de comercios va desde heladerías a farmacias, desde trattorias a marroquinerías, desde cafeterías a librerías de antigüedades, y muchas otras actividades que te ofrecerán la oportunidad de degustar productos típicos o adquirir creaciones artesanales únicas y de calidad.

Prensa y noticias web

Los periódicos **La Nazione** (www.lanazione.it/firenze), **Corriere Fiorentino** (corrierefiorentino.corriere.it/firenze) y **La Repubblica - Firenze** (firenze.repubblica.it) tienen una sección dedicada a los eventos culturales.
Las siguientes páginas web son una fuente de información sobre eventos culturales, festivales, representaciones teatrales, programas de cine y exposiciones:
www.firenzespettacolo.it
www.informacitta.net
www.lungarnofirenze.it (la versión impresa de esta revista mensual cultural se distribuye gratuitamente en numerosos cafés, teatros y tiendas de la ciudad).

Restauración

En esta guía encontrarás nuestra selección de direcciones para comer por barrios (⊙ *Nuestras direcciones, pág. 84*).

Especialidad

Entre los platos típicos de la cocina florentina encontramos los callos, la ribollita (sopa de verduras de invierno y judías), la pappa al pomodoro (elaborada con pan duro), rigatoni strascicati, el bistec a la florentina (típicamente de carne de vaca Chianina, que cuesta entre 30 y 40 € por kilo), pastel de carne guisado, judías all'uccelletto (habas cannellini en salsa de tomate) y focaccia, que aquí se llama schiacciata.

Tipo de local

Restaurantes, trattorías y osterías-Mientras que en los restaurantes el ambiente y el servicio son generalmente refinados, por no decir elegantes, en las trattorías y osterías será más fácil encontrar cocina popular a precios moderados y en un ambiente relajado. Además, en la mayoría de los casos, estas últimas son de gestión familiar. En las trattorías tradicionales, el camarero (o incluso el propietario) a veces no trae el menú, sino que presenta la lista de platos del día de forma oral. Pero, ¡ten cuidado con las sorpresas inesperadas cuando llegue el momento de pagar la cuenta! Si tienes dudas pregunta siempre por la lista de precios, que debe estar disponible. En cuanto a los vinos, la elección en las trattorías varía desde el simple vino de la casa a granel hasta una auténtica selección de producción regional.

Enotecas y bares de vinos - Gracias a la riqueza vinícola de la Toscana, los bares y enotecas están cada vez más de moda. Igual que las osterías, ofrecen platos del día y aperitivos, y cuentan con una amplia gama de vinos servidos tanto en botellas como en copas.

Trippai - Son los puestos de callos, permanentemente repartidos por varios puntos de la ciudad. Venden los clásicos callos florentinos y el lampredotto, una comida callejera local muy apreciada que se puede disfrutar dentro de una semelle, un bocadillo típico toscano. En el centro de Florencia las tiendas de callos se

Schiacciata toscana rellena de tomate y mozzarella.

illisphotography/Getty Images Plus

encuentran en Plaza Cimatori, en el Mercado Central (interior), en el Mercado de Sant'Ambrogio (interior), en via dei Macci, en la Loggia del Porcellino, en via Maso Finiguerra o en via dell 'Ariento. Por lo general, solo abren para el almuerzo.

Productos típicos

El **jamón toscano DOP** está protegido por un consorcio de calidad específico, creado en 1990, que establece las características necesarias para garantizar un producto de excelencia. El **pecorino toscano DOP**, obtenido a partir de leche entera de oveja, se puede consumir como queso de mesa, tanto maduro como fresco, o rallado en sopas y platos de pasta seca. La provincia de Florencia puede considerarse la más importante de Toscana para la recolección de aceitunas y la producción de **aceite de oliva virgen extra**, una de las especialidades de la zona.

La mayoría de los **postres típicos** toscanos y florentinos se pueden encontrar en pastelerías y panaderías solo en determinadas épocas del año, porque están vinculados a fiestas y celebraciones religiosas. La schiacciata alla florentina es característica del Carnaval, mientras que durante la Cuaresma se puede disfrutar de quaresimali, buccellato y pandiramerino. Las tortitas de San José se comen en Semana Santa, y desde finales de verano hasta finales de octubre se puede comer schiacciata con uvas. Con la nueva harina de castañas se preparan galletas de castañas, flanes y tartas. Para la fiesta de Todos los Santos se disfruta el pan

co' santi, que termina en Navidad con los famosos postres sieneses: cavallucci, ricciarelli, panpepati y panforti. Por último, pero no menos importante, el zuccotto, un semifrío creado en la época del Renacimiento por Buontalenti, y los cantucci o cantuccini, galletas secas de almendras que se prueban mojadas en Vin Santo.

Cursos de cocina

Puedes aprovechar tu estancia en la ciudad para asistir a una clase de cocina. La **Cucina Lorenzo de' Medici**, en el primer piso del Mercado Central, ofrece cursos para aficionados de 2/3 h en puestos equipados, bajo la dirección experta de chefs profesionales, con menús inspirados en platos típicos regionales (www.cucinaldm.com).

Taxis

En Florencia operan dos cooperativas de taxistas:
Cotafi - ☏ 055 43 90 - www.4390.it;
Socota - ☏ 055 42 42 - www.4242.it.
El precio del trayecto al centro de la ciudad oscila entre 5 y 8 €. La conexión entre el aeropuerto Vespucci y los hoteles del centro tiene un precio fijo de 22 €.

Las **paradas de taxis** en el centro de la ciudad son las siguientes:
- Beccaria, Piazza Beccaria (esquina con viale della Giovine Italia);
- Mannelli, via Mannelli (estación Campo di Marte);
- Michelangelo, Piazzale Michelangelo (al lado de Play Bar);
- Novella, Piazza Santa Maria Novella (frente al Museo Novecento);
- Ponte Vecchio, Lungarno Acciaiuoli

(esquina con Puente Vecchio);
- San Marco, Piazza San Marco (lado del quiosco);
- Santa Croce, Piazza Santa Croce (en la fuente);
- Sasso, Piazza Duomo (esquina con via del Proconsolo);
- Estación, Piazza della Stazione (junto a la taquilla).

Transportes públicos
La ciudad cuenta con una amplia red de autobuses, los llamados autobuses eléctricos y una red de tranvías en constante desarrollo. El transporte por carretera está gestionado por Autolinee Toscane (www.at-bus.it; mapa de líneas online), y el transporte en tranvía por Gest (www.gestramvia. it; mapa de líneas online).

Autobús - Todos los días de 5:00/6:00 a 0.30 h. Cuatro líneas de autobús eléctrico, señalizadas con C1, C2, C3 y C4, circulan por el centro histórico, incluida la ribera y el barrio de Oltrarno, de 7:00 a 21:00 h (do. de 8:30 a 20:30 h).

Tranvía - La línea T1-Leonardo conecta el municipio de Scandicci (aparcamiento de intercambio de coches-tranvía de Villa Costanza), al oeste de la ciudad, con la estación de Santa María Novella y continúa hacia el Hospital Careggi, al norte del centro. Las paradas de interés turístico son Cascine, Porta al Prato Leopolda y Alamanni Stazione. La línea T2-Vespucci conecta la estación de Santa María Novella con el aeropuerto. (*pág. 3*).

Precio de los billetes
El billete sencillo para trayectos urbanos cuesta 1,50 €, tiene una duración de 90

min desde la validación y se puede utilizar tanto en autobuses como en tranvías. Tarjeta de 10 billetes por 14 €. Las entradas pueden adquirirse en puntos de venta autorizados, máquinas expendedoras de entradas, o a través de la app Tabnet o enviando un SMS con el texto «Firenze» al *488 01 05* (espera el SMS con el enlace a la entrada digital, ya validada).

Visitas
Si planeas visitar muchos museos y lugares culturales, la Firenze Card puede ser una solución interesante (*pág. 127*). Las tarifas y horarios de visita pueden estar sujetos a cambios, por lo que recomendamos consultar con antelación en las páginas web oficiales de cada museo.

Horarios
Para estar constantemente actualizado sobre los horarios de apertura de los museos, además de las páginas web oficiales, puedes consultar www.feelflorence.it, sección «Museos/reservas».

Precio de entrada
Los precios de las entradas son elevados (de 8 a 18 € para los lugares principales) para adultos sin reducción. **Los museos estatales y municipales** son gratuitos para menores de 18 años, para personas con discapacidad y su acompañante, y ofrecen además descuento entre los 18 y los 25 años. Las tarifas podrán **incrementarse** en el caso de exposiciones temporales alojadas en museos que albergan exposiciones permanentes. Cuando un museo, iglesia u otro

monumento solo puede visitarse en presencia del custodio o de la persona que posee las llaves, se suele dejar una **donación** o propina.

Semana del Patrimonio Cultural - Los museos de Florencia son gratuitos durante una semana en primavera. Para más información contacta con la oficina de turismo.

Noche Europea de los Museos - La iniciativa, que se desarrolla simultáneamente en toda Europa y cuya fecha se fija año tras año, prevé aperturas nocturnas extraordinarias de numerosos museos, conjuntos monumentales, zonas arqueológicas y parques al precio simbólico de 1 € (en algunos museos la entrada es gratis).

Visitas gratuitas durante todo el año - Florencia está llena de lugares únicos llenos de obras maestras, cuya entrada es gratuita. En primer lugar están las numerosas iglesias, como el Duomo (☞ *pág. 14)*, Orsanmichele y el Oratorio de los Buonomini (☞ *pág. 23)*, Santa Trinita (☞ *pág. 38)*, Ognissanti y el Cenáculo de Ognissanti (☞ *pág. 39)*, Casa Martelli (☞ *pág. 44)*, el Claustro del Scalzo y el Cenáculo de Sant'Apollonia (☞ *pág. 48)*, la Santissima Anunziata (☞☞ *pág. 50)*, la Sala Perugino (☞ *pág. 57)* o también, fuera del centro histórico, las iglesias de San Miniato al Monte (☞ *pág. 70)* y San Salvi (☞ *pág. 74)*.

Domingo en el Museo - El primer domingo del mes (de octubre a marzo), es posible acceder gratuitamente a los museos y zonas arqueológicas propiedad del Estado italiano:
- Galería de los Uffizi
- Galería de la Academia
- Museo de las Capillas de los Medici
- Museos del Palacio Pitti (Galería Palatina y Apartamentos Reales, Galería de Arte Moderno, Museo de la Plata, Galería de Trajes, Museo de la Porcelana, Jardín de Bóboli)
- Museo Nacional del Bargello
- Última Cena de Andrea del Sarto
- Museo de la antigua casa florentina del Palacio Davanzati
- Museo Arqueológico Nacional
- Museo Casa Martelli
- Museo Orsanmichele
- Jardín de la Villa Medici de Castello Parque de Villa il Ventaglio
- Villa Corsini a Castello
- Villa de los Medici della Petraia

Reservas

Para algunos museos florentinos, como los Uffizi o la Galería de la Academia, la cola de espera puede durar algunas horas. Por ello recomendamos adquirir tus entradas con al menos dos días de antelación. Reserva (con un suplemento de 3 € o 4 € según el museo) en ✆ 055 294 883 o en la página web oficial de las taquillas de los museos estatales florentinos www.b-ticket.com/b-ticket/uffizi.

Atención: online puedes encontrar varios sitios que venden entradas a precios más elevados. Comprueba siempre cuál es el precio oficial del billete y ten en cuenta que el importe de la reserva no puede superar los costes indicados anteriormente.

Firenze Card

Esta tarjeta permite el acceso prioritario a museos y lugares monumentales de Florencia y sus alrededores sin necesidad de reserva (a excepción de los Uffizi y la Galería de la Academia, para los que es necesaria una reserva

gratuita llamando ★☎ 055 29 48 83).
A la venta en la web www.firenzecard.it,
en las oficinas de turismo y en algunos
museos - válida 72 h desde la entrada al
primer museo - 85 €.

Entradas combinadas

Florencia cuenta con complejos
museísticos que agrupan múltiples
espacios expositivos para los que es
posible adquirir entradas combinadas.
El billete **Passepartout - 5 days** es válido
durante 5 días consecutivos y permite
acceder una sola vez a la Galería de los
Uffizi, a los museos del Palacio Pitti, al
Jardín de Bóboli, al Museo Arqueológico
y al Opificio delle Pietre Dure (38 € de
marzo a octubre y 18 € de noviembre a
febrero; imprescindible reserva para los
Uffizi, que debe ser el primer museo
a visitar, los demás se pueden visitar
posteriormente, sin limitaciones de
tiempo ni reservas adicionales).
Un billete acumulativo da la
oportunidad de visitar los **Museos del
Bargello** (Bargello, Capillas de los
Medici, Davanzati, Orsanmichele y
Casa Martelli) en 3 días consecutivos
(18 €, válido por 72 h).
El complejo Duomo incluye 3 pases,
válidos por 3 días a partir de la fecha
de visita seleccionada. El **Brunelleschi
Pass** incluye el baptisterio de San
Giovanni, el Campanario de Giotto, la
Cúpula de Brunelleschi, el Museo de la
Ópera del Duomo y la Basílica de Santa
Reparata (30 €, la validez comienza a
partir de la fecha seleccionada para la
visita la cúpula), el **Giotto Pass** incluye
todos los monumentos excepto la
cúpula (20 €) y el **Pass Ghiberti**
incluye el museo, el baptisterio y Santa
Reparata (15 €). La Catedral es gratis.

Ropa adecuada

En las iglesias no está recomendado
llevar pantalones cortos, minifaldas y
camisetas muy escotadas y sin
mangas. El incumplimiento de las
instrucciones de vestimenta puede dar
lugar a una prohibición de entrada.

Visitas guiadas

A pie

Guiadaflorencia.com - ✐ Silvia 347
886 99 19 - www.guidedflorence.com.
Historiadora del arte y guía oficial,
organiza visitas clásicas pero también más
innovadoras fuera de los lugares turísticos
habituales, de 2 a 3 h de duración.
Florence and Tuscany Tours -
Via Condotta 12 - ✐ 055 21 03 01 -
www.florenceandtuscanytours.com/it.
Itinerarios de todo tipo: clásicos, insólitos
(visita la Florencia escondida,
Miguelangelo, villas y jardines, etc.).
Visita de la ciudad en bicicleta (de abril a
octubre) con salida desde via Cavour 21r.

En barco

In barca sull'Arno - ✐ 055 210 301
- www.florenceandtuscanytours.com
- de mayo a septiembre con reserva.
Mira el palacio de los Uffizi y las orillas
del Oltrarno «deslizarse» ante tus ojos.

En autobús de dos pisos

Turismo en la ciudad de Florencia -
✐ 055 29 04 51 - www.city-
sightseeing.it/it/florence/. Estos
autobuses descapotables realizan
recorridos por tres circuitos,
permitiéndote descubrir los principales
lugares de la ciudad. La línea A pasa
por el centro histórico, las líneas B y C
(de marzo a noviembre) conectan
Florencia con Fiesole.

Eventos y espectáculos

Eventos anuales

Enero

▶ **Cabalgata de Reyes Magos** - *6 de enero*. El día de la Epifanía, un desfile de disfraces, inspirado en el famoso fresco de Benozzo Gozzoli que embellece la capilla del Palacio Medici Riccardi, recorre las calles de la ciudad desde la Plaza Pitti hasta la Catedral, donde los Reyes Magos entran para llevar una ofrenda al Niño Jesús.

▶ **Pitti Uomo** - *En enero y junio.* La cita semestral con la moda masculina internacional, organizada por la fundación Pitti Immagine. www.pittimmagine.com/

Febrero

▶ **Conmemoración de la muerte de Ana María Luisa de Medici** - *18 de febrero.* Es un homenaje a la hija (1667-1743) de Cosme III, que salvó de la dispersión el patrimonio artístico florentino en el siglo XVIII. Desfile de la procesión histórica de la república florentina y entrada gratuita a los principales museos.

Marzo

▶ **Taste** - La exposición del gusto y la excelencia gastronómica organizada por la fundación Pitti Immagine. www.pittimmagine.com/

Pascua de Resurrección

▶ **Scoppio del carro** - *Domingo de Pascua.* Tiene lugar en la Plaza del Duomo. Un carruaje de madera recorre las calles de la ciudad, acompañado de una procesión vestida con trajes renacentistas. (⌔ *Para saber más, pág. 149).*

Abril/Junio

▶ **Maggio musical fiorentino** – *Desde finales de abril hasta junio.* Gran evento con conciertos de música clásica, óperas y ballets (⌔ *Nuestras direcciones, pág. 108 y Para saber más, pág. 150).*

Mayo

▶ **Festival del Iris** - *Primer domingo de mayo.* Inauguración del Jardín Iris (*Piazzale Michelangelo*) para celebrar la flor simbólica de la ciudad. Concursos florales.

Calcio Storico fiorentino.

▶ **Festival del Grillo-** Día de la Ascensión. *Los florentinos intercambian un grillo como deseo de buena suerte.*

▶ **Trofeo Marzocco** - Concursos de lanzamiento de banderas.

▶ **Fabbrica Europa** - Festival internacional de arte contemporáneo. En el interior de la antigua estación Leopolda y en el Instituto Francés de Florencia se celebran exposiciones, debates y representaciones teatrales y musicales. www.fabbricaeuropa.net

▶ **Artesanía y palacio** - Exposición de artesanía de alta calidad que tiene lugar en el magnífico marco del Jardín Corsini. www.artigianatoepalazzo.it

Junio

▶ **Calcio Storico fiorentino** - *Segunda y tercera semana de junio, finaliza el 24 de junio.* Fuegos artificiales en Piazzale Michelangelo (🖉 *Para saber más, pág. 149).*

Junio/septiembre

▶ **Estate Fiesolana** - Un festival multicultural en Fiesole: conciertos de música clásica, canciones populares, teatro acrobático, jazz, cine, ópera, danza, etc. Espectáculos en todos los rincones de la ciudad y también en sus alrededores (Badia Fiesolana, Duomo,

Teatro Romano, Basílica de Sant'Alessandro, Iglesia de San Domenico). www.estatefiesolana.it

Agosto

▶ **Noche de San Lorenzo** - *Noche del 10 de agosto.* El santo se celebra en el barrio que lleva su nombre. Cena gratis para todos y conciertos hasta el amanecer.

Septiembre

▶ **Fiesta de la Rificolona** - *7 de septiembre.* En la Plaza Santissima Annunziata (☞ *Para saber más, pág. 150).*

Octubre

▶ **Teatriaperti** - Eventos teatrales en toda la ciudad.

Eventos

Para conocer el calendario de eventos, consulta la página web de la oficina de turismo www.feelflorence.it/es, sección «Eventos», y la de los principales sitios expositivos de la ciudad: Galerías Uffizi (www.uffizi.it), Palacio Strozzi (www.palazzostrozzi.org), Palacio Pitti (www.uffizi.it/palazzo-pitti) y Galeria de la Academia (www.galleriaaccademiafirenze. beniculturali.it).

PARA SABER MÁS

Detalle del *Nacimiento de Venus* de Botticelli, Galería de los Uffizi.
Art Media/Heritage Image/age fotostock

La historia de Florencia

El nacimiento de una ciudad

Florencia conserva pocos vestigios de su pasado lejano. Entre los siglos X y VIII a. C., los italiotas habrían elegido vivir en el lugar donde hoy se encuentra la ciudad, porque el Arno era particularmente fácil de cruzar. Los etruscos, que se establecieron en las colinas de Fiesole, eclipsaron a esta primera población. Solo en la primavera del 59 a. C., Julio César fundó allí la colonia de **Florentia**, para poder controlar el vado del Arno y, en consecuencia, la Vía Flaminia, que conectaba Roma con el norte de Italia y la Galia. La colonia ocupó el margen derecho del Arno, en el actual Puente Vecchio, donde estaban apostados los soldados. Su nombre se remonta a los *ludi florales,* juegos dedicados a la diosa Flora, o a los campos de flores, *arva florentia,* para recordar la estación en la que se fundó la ciudad.

A principios del siglo XI, la ciudad adquirió un **papel preeminente en la región** cuando el conde Ugo, marqués de Toscana, estableció allí su residencia. A finales del mismo siglo, una mujer de carácter enérgico, la condesa Matilde, afirmó la independencia de la ciudad.

Florencia en la Edad Media

Un milagro económico...

Durante el siglo XII, Florencia prosperó bajo la influencia de la nueva clase mercantil y se enriqueció con edificios como el baptisterio y la Iglesia de San Miniato al Monte. Los oficios se organizaron en poderosas **corporaciones**, las Artes, sobre las que dependía el poder legislativo cuando la ciudad se declaró municipio libre. En el siglo XIII, las artes de la lana y la seda empleaban a un tercio de la población, y sus productos, exportados a Europa y fuera de ella, contribuyeron al desarrollo económico de la ciudad. Estos artesanos se vieron favorecidos por el excepcional ascenso de los **banqueros florentinos**. Tras tomar el relevo de los prestamistas lombardos y judíos, los banqueros florentinos inventaron las primeras letras de cambio en 1262, con el consiguiente enorme desarrollo del comercio. En el mismo periodo, también pusieron en circulación el famoso florín de oro, acuñado en Florencia, que solo sería superado en el siglo XV por el ducado de Venecia. Muchas familias se encontraron ocupando los primeros puestos del mundo de las finanzas: los Bardi-Peruzzi, que prestaron enormes sumas a Inglaterra al comienzo de la Guerra de los Cien Años, los Pitti, los Strozzi, los Pazzi y, por supuesto, los Medici.

... en una ciudad conflictiva

Curiosamente, fue en esta época dorada cuando una serie de conflictos violentos expusieron a Florencia a los ataques de otras grandes ciudades toscanas, enfrentando a los propios florentinos entre sí.

En el siglo XIII aparecen los **güelfos**, partidarios del Papa, y los **gibelinos**, partidarios del Emperador. Los güelfos, inicialmente victoriosos, expulsaron de Florencia a los gibelinos, que se aliaron con algunas ciudades enemigas, entre ellas Siena. Durante la Batalla de Montaperti en 1260, las tropas gibelinas dirigidas por Siena derrotaron a su vez a las tropas güelfas dirigidas por Florencia que, sin embargo, se reafirmaron y triunfaron definitivamente en 1266. Al regresar a Florencia, derribaron las casas-torre construidas por los nobles gibelinos y establecieron una república gobernada por la signoría, formada por los priores. Pero una nueva controversia dividió a los güelfos en güelfos negros y güelfos blancos: estos últimos eran partidarios de una política de mayor autonomía respecto al pontífice y rechazaban su injerencia en el gobierno de la ciudad. Esta tragedia le costó a Dante, del lado de los «blancos», un exilio definitivo a partir de 1302. La peste de 1348, que mató a la mitad de los florentinos, puso fin a estas rivalidades.

Los Medici

Los Medici están atestiguados desde al menos el siglo XII, dedicándose principalmente al comercio, el tejido, la agricultura y, solo esporádicamente, a la banca. Sin embargo, lograron convertirse en los señores de la ciudad durante más de tres siglos, dominando tanto las finanzas como las artes. El ascenso de la familia al poder se debió a un banquero, **Giovanni di Bicci**, que dirigía un próspero banco cuando, en 1429, dejó sus propiedades a su hijo **Cosme el Viejo**. Este lo convirtió en la empresa más próspera de la ciudad, combinando la industria de la lana y la seda con actividades comerciales y bancarias. Ejerció discretamente el poder político, combinando hábilmente sus propios intereses con los de su comunidad. Su fama, sin embargo, deriva sobre todo de su activo mecenazgo, del que se beneficiaron los más grandes intelectuales y artistas de la época. Apasionado de la arquitectura, hizo erigir y embellecer numerosos monumentos de la ciudad. Cuando murió en 1464, en su tumba quedó grabado el sobrenombre de *Pater Patriae* (Padre de la Patria). Su hijo Pedro el Gotoso le sobrevivió solo cinco años y dejó el poder a su hijo **Lorenzo el Magnífico** (1449-1492), el más célebre de los Medici. Tras escapar de la conspiración de los Pazzi, reinó

135

El Marzocco

Esta figura esculpida en forma de león sentado, que sujeta firmemente un lirio heráldico con su pata delantera derecha, simboliza el poder de Florencia. Lo encontramos en la plaza principal de las ciudades y pueblos sometidos por la ciudad de los Medici, testigo del poder jurisdiccional florentino. Su nombre deriva de Marte, dios de la guerra y del que, en la Edad Media, había una estatua a la entrada del Puente Vecchio. Destruida en 1333 por una inundación del Arno, la estatua fue sustituida en 1420 por un león, obra de Donatello y modelo de innumerables reproducciones. En 1810 fue trasladado a la Plaza de la Signoria y, posteriormente, sustituido por una copia. Hoy se conserva en el Museo del Bargello.

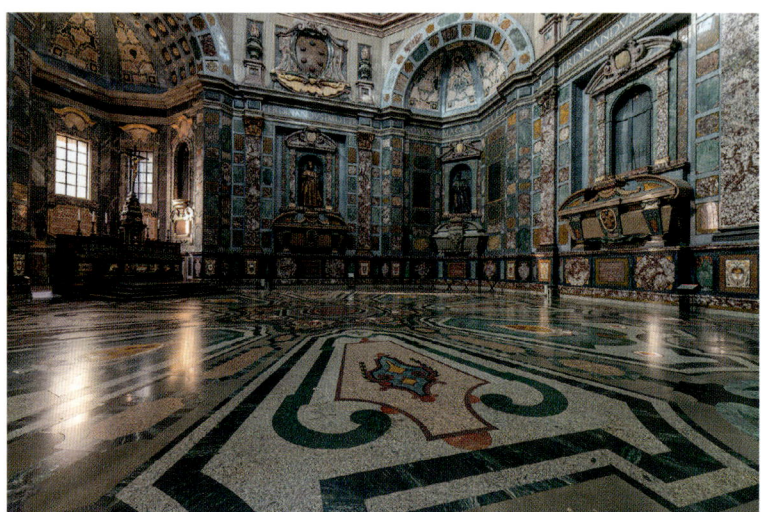

M. Jung/imageBROKER/age fotostock

La Capilla de los Príncipes en las Capillas de los Medici.

en Florencia como un príncipe, aunque siempre de forma secreta. Destacó por su hábil diplomacia, que permitió a Florencia mantener sus privilegios entre las ciudades italianas. Por otro lado, descuidó tanto los asuntos comerciales que provocó la ruina del imperio financiero de los Medici. Dotado de una gran sensibilidad, apasionado del humanismo, amante de las letras y de las artes, se rodeó de una corte de poetas y filósofos, haciendo de Florencia la capital indiscutible del primer Renacimiento.

Un monje contra los Medici

A la muerte de Lorenzo el Magnífico, el fraile dominico **Savonarola** (1452-1498), aprovechando un periodo de agitación, provocó la caída de los Medici. Asceta y fanático, este monje condenó el placer de los sentidos y la pasión estética de los florentinos, llegando incluso a quemar, en la Plaza de la Signoria, en 1497, pinturas, instrumentos musicales, etc. Finalmente, al año siguiente él mismo fue quemado en la hoguera en este mismo lugar.

El regreso de los Medici

Con el apoyo de Carlos V, los Medici recuperaron el poder en 1530 y reinaron hasta mediados del siglo XVIII. Aunque había establecido un régimen autoritario, **Cosme I** (1519-1574) logró devolver a Florencia la prosperidad y el ímpetu perdidos. Subyugó a Siena, logrando así unificar Toscana y convertirla en un estado, que luego se convirtió en gran ducado en 1569.

También continuó la tradición familiar de mecenazgo, protegiendo a artistas como el escultor Benvenuto Cellini o el pintor Bronzino.

Le sucedieron dos de los once hijos que tuvo con Leonor Álvarez de Toledo. **Francisco I** (1541-1587) se hizo famoso por su historia de amor con la bella veneciana Bianca Cappello. Más interesado por la ciencia y la alquimia que por el ejercicio del poder, mostró sin embargo una extrema firmeza hacia sus oponentes. El último de los Medici de gran estatura, **Fernando I** (1549-1609), continuó haciendo prosperar el estado y se casó con una princesa francesa, Cristina de Lorena. Con sus sucesores — Cosme II, Fernando II, Cosme III y luego, el último, Juan Gastón, aburrido y vicioso — se aceleró la decadencia del Gran Ducado de Toscana.

Después de los Medici

El gran ducado pasó a manos de la casa de **Habsburgo-Lorena**y luego a las de Napoleón, de 1801 a 1814. Los Habsburgo-Lorena reconquistaron las grandes posesiones de Toscana, donde vivieron los Grandes Duques hasta 1859. Conquistada en 1860 por la casa de Saboya, Florencia fue incorporada al **Reino de Italia**: luego asumió el papel de capital, de 1865 a 1870, fecha en la que Roma ocupó su lugar, cuando el Lacio entró a su vez en el reino.

Florencia en los siglos xx y xxi

El siglo xx fue un periodo de acontecimientos dramáticos para la ciudad. En **1943**, el Norte de Italia estaba en manos alemanas mientras el Sur pasaba al control de los Aliados. El centro de Italia, y Toscana en particular, se convierte en un inmenso campo de batalla. Los aliados llevan a cabo intensos bombardeos en toda la región, y los bombardeos alemanes destruyen todos los puentes de Florencia, excepto el Puente Vecchio.

El **4 de noviembre de 1966**, el Arno inunda gran parte del centro de la ciudad (C cuadro pág. 31). En la Iglesia de Santa Croce, las tumbas de Galileo, Maquiavelo y Miguel Ángel, así como el crucifijo de Cimabue, desaparecen bajo más de cuatro metros de agua. En la Galería de los Uffizi el agua llega al tercer piso. Un gran movimiento de solidaridad internacional movilizó a miles de voluntarios, apodados los «ángeles de barro».

El **27 de mayo de 1993** un atentado terrorista dirigido contra la Galería de los Uffizi, en via dei Georgofili, mató a cinco personas y dañó numerosas obras de arte.

El siglo xxi se abre con la voluntad de dar un nuevo impulso a la ciudad. Se inauguran diversos proyectos de remodelación cultural y urbana. La actividad y el dinamismo de la ciudad se materializan, en 2009, por la administración del joven **Matteo Renzi**, alcalde de Florencia hasta febrero de 2014, cuando se convierte en Primer Ministro. Le sucede en el cargo el demócrata Dario Nardella, que fue reconfirmado alcalde para su segundo mandato en 2019.

137

El Renacimiento florentino

Florencia fue la cuna del Humanismo y del Renacimiento. Durante más de tres siglos, del XIII al XVI, una profusión de genios creativos dio forma a la civilización europea moderna, reinterpretando el pasado y multiplicando sus campos de interés. Así, pintores como Giotto, Miguel Ángel o Leonardo da Vinci también se convirtieron en arquitectos, escultores o escritores.

La pintura

La escuela florentina buscaba la belleza de las formas, la representación de una naturaleza idealizada y el realce de la perspectiva en una composición equilibrada.

Los albores del Renacimiento

Todavía fiel a la escuela bizantina, con su ausencia de fondos tridimensionales y su marcado drapeado, **Cimabué** (1240-1302) es el primero en dar expresividad a los rostros y cierta plasticidad a los cuerpos, sugiriendo así volumen. **Giotto**, su alumno, (1266-1337) irá aún más lejos: con él el movimiento y la expresión permiten comprender una escena, pero los medios son aún limitados.

Después de la plaga de 1348, la pintura se caracteriza por un retorno a los modelos anteriores. El estilo narrativo no reaparece hasta finales del siglo XIV, pero se enriquece con la gracia del gótico internacional que Siena, ciudad opulenta, difundió en Toscana. En este campo podemos mencionar Agnolo Gaddi (ca. 1345 - 1396), Lorenzo Mónaco (ca. 1370 - 1422) y Masolino da Panicale (ca. 1383 - 1440), maestro de Masaccio.

El Renacimiento temprano

Es en el siglo XV cuando la pintura florentina experimentó una verdadera renovación. Bebió de la tradición del arte antiguo y se caracterizó por la aparición del uso de la perspectiva y una mayor expresividad de los personajes, más naturales gracias a la evolución de las técnicas pictóricas.

Perspectiva y volúmenes - Con sus estudios sobre la profundidad del espacio, **Masaccio** (1401-1428) revoluciona el dibujo, introduciendo en su pintura una rigurosa perspectiva arquitectónica con un trazo firme y sin adornos.

Del mismo modo, **Paolo Uccello** (1397-1475) perfeccionó las formas, mientras que **Andrea del Castagno** (1423-1457) expresó la potencia del volumen, definido por líneas precisas.

Los pintores de la luz y del color - En contraposición a esta corriente, algunos pintores siguen apegados a los tonos delicados, a las decoraciones detalladas, a las composiciones compactas. Llegado a Florencia hacia 1435, el veneciano Domenico Veneziano (ca. 1400 - 1461), que trajo a la ciudad la técnica del óleo y el uso de espacios con colores fluidos.

Fray Angélico (ca. 1400 - 1455) se inspira en una estética extremadamente fresca, respetando la perspectiva.

Pintores narradores - exploran un estilo narrativo, insistiendo en

anécdotas secundarias. Benozzo Gozzoli (1420-1497) enriqueció sus composiciones hasta convertirlas en hormigueros. Domenico Ghirlandaio (1449-1494) destaca por su descripción de la sociedad florentina de la época. Los hermanos Pollaiolo, Antonio (1432-1498) y Piero (1443-1496), se concentraron en el dibujo vigoroso, las contorsiones del cuerpo, los movimientos y la sinuosidad de las decoraciones.

Los pintores de la gracia - El final del siglo xv está delicadamente vinculado a la belleza suave y ligera. A la cabeza estaba Filippo Lippi (1406-1469), monje y discípulo de Masaccio, con sus virtuosas Vírgenes de velo transparente. Su alumno **Sandro Botticelli** (1445-1510) resume todos los logros de su siglo en su sutil trazo, en su sentido decorativo y paisajístico, en los cuidadosos gestos de sus personajes. Pero con él pasamos página: la muerte de Lorenzo el Magnífico marca el fin del Humanismo sereno de esta época.

El segundo Renacimiento

Los maestros - Florencia sigue siendo la cuna de un segundo Renacimiento. **Leonardo da Vinci** (1452-1519) quiso expresar la belleza perfecta utilizando su técnica magistral. Solo **Miguel Ángel** (1475-1564) puede rivalizar con él, pues consideraba la escultura el arte supremo. Para alcanzar este ideal, **Rafael** (1483-1520) utilizó la gentileza de su maestro, Perugino, los matices de Leonardo que suavizan los contornos y, finalmente, el perfecto control de la anatomía de Miguel Ángel.

El Manierismo - Alumno de **Andrea del Sarto** 1486-1530), experto en el uso del color y los matices, Pontormo 1494-1556) revela su inquietud natural en composiciones atormentadas y de colores vivos.

Rosso Fiorentino (1494-1540) revela su inquietud a través de figuras alargadas y tonos estridentes. La segunda generación, con **Bronzino** (1503-1572), por el contrario, se distancia de este patetismo para evolucionar hacia una solemnidad casi dolorosa.

Arquitectura

Para sus grandiosos edificios, los arquitectos florentinos desarrollaron un estilo mesurado con proporciones armoniosas y decoraciones geométricas y policromadas.

Gótico florentino - Durante el siglo xiv floreció en la ciudad un estilo que utilizaba líneas horizontales, algo inusual en el gótico. Entre sus maestros podemos incluir a **Arnolfo di Cambio** (ca. 1240 - 1302), que realizó un proyecto para Santa María del Fiore, **Giotto**, que construyó el campanario, y su alumno, Orcagna (1308-1368), autor del tabernáculo de Orsanmichele.

El Renacimiento - Conquistados por la ideología humanista, los arquitectos intentaron responder a la belleza del paisaje circundante, ordenado y agradable. **Brunelleschi** (1377-1446) era un apasionado de la arquitectura clásica y las ruinas de la antigüedad. Hizo suyas las estructuras, adaptándolas a las necesidades de su época. Construyó basándose en el cálculo matemático y la perspectiva. El Spedale degli Innocenti será la primera obra creada según este ideal, utilizando piedra serena gris azulada sobre paredes blancas. Le seguirán la cúpula del Duomo y la Iglesia de San Lorenzo. **Leon Battista Alberti** (1404-1472), otro gran arquitecto de principios del siglo xv, compartía con Brunelleschi el gusto por las formas geométricas simples, como los motivos de la fachada de Santa María Novella. Será Michelozzo (1396-1472), quien difundirá las formas utilizadas por su maestro Brunelleschi en sus edificios públicos.

Manierismo florentino - Mezclando orgullo y tormento en sus obras, Miguel Ángel trastorna la arquitectura clásica, rompiendo frontones o insertando columnas en las paredes. Influyó en Ammannati (1511-1592), a quien debemos el Puente de Santa Trinita con sus hermosos arcos aplanados, y en Bernardo Buontalenti (1536-1608), que realizó la fachada de la Iglesia de Santa Trinita.

La escultura

El trabajo de **Lorenzo Ghiberti** (1378-1455) en las puertas del baptisterio podría marcar el inicio de una nueva era. Observador del arte antiguo y vinculado al realismo de las figuras de tal intensidad que resultan, en ocasiones, toscas, **Donatello** (1386-1466) revoluciona el arte gótico y sus expresiones serenas y estereotipadas. La próxima generación se lanza en esta dirección, como Luca della Robbia (1400-1482), quien popularizó sus relieves de terracota vidriada. **Miguel Ángel** irá mucho más allá de sus predecesores: sus esculturas musculosas expresan una tensión capturada en un momento dado, en contraposición a la dulce eternidad que transmite la belleza perfecta.

Las letras y el pensamiento

En el siglo xiii nació en Florencia el padre de la lengua italiana, **Dante Alighieri** (*C cuadro pág. 22*). Importante poeta, gramático y también historiador, introdujo la lengua vernácula en los textos escritos, que hasta entonces, habían sido predominantemente en latín. El siglo xv vio el renacimiento de las culturas griega y latina gracias al Humanismo. Lorenzo el Magnífico, también poeta, se rodeó de filósofos como Pico della Mirandola y poetas como Poliziano. Los disturbios de principios del siglo xvi inspiraron a Nicolás Maquiavelo (1469-1527) a escribir su ensayo sobre la política y el ejercicio del poder: *El Príncipe.* Vasari (1511-1574), por su parte, fue el precursor de los historiadores del arte con su colección *Las vidas de los más excelentes pintores, escultores y arquitectos italianos.*

Los grandes maestros

Filippo Brunelleschi (1377-1446)

Formado inicialmente en el arte de la orfebrería, se dedicó a la escultura y luego a la arquitectura tras una decisiva estancia en Roma. Salpicó su ciudad de obras influenciadas por la antigüedad romana: hizo construir los arcos del Spedale degli Innocenti, diseñó el Palacio Pitti, y participó en el diseño de San Lorenzo y Santo Spirito. Su indiscutible obra maestra sigue siendo, sin embargo, la cúpula del Duomo.

Lorenzo Ghiberti (1378-1455)

En 1401, el joven Ghiberti, desconocido escultor y orfebre, ganó un concurso para realizar la segunda puerta de bronce del baptisterio, que realizó entre 1403 y 1424. La tercera puerta, o Puerta del Paraíso (1425-1452), es su obra maestra: aplicando a la escultura las técnicas reservadas a la pintura, introduce la perspectiva en el bajorrelieve, ordenando a los personajes en diferentes planos y abriendo así un nuevo camino a su arte.

Donatello (ca. 1386 - 1466)

El encuentro con Brunelleschi, su alter ego en el campo de la escultura, tiene lugar en el taller de Lorenzo Ghiberti. Los dos amigos estudian modelos antiguos en Roma, y Donatello se inspira en las innovaciones del arquitecto. Se centra en estatuas y bajorrelieves, perfeccionando las expresiones, los gestos, el espacio y la perspectiva. Las colecciones del Salone di Donatello, en el Museo Nacional del Bargello, reflejan plenamente esta magistral evolución.

Fray Angélico (ca.1400-1455)

Este monje dominico se hizo famoso gracias a su pintura: un acto de fe impregnado de misticismo. Vivió muchos años en el Convento de San Marco, donde dejó un legado de maravillosos frescos. Convocado varias veces en Roma por los Papas Eugenio IV y Nicolás V, decoró la capilla de este último en el Vaticano y realizó numerosos retablos, así como los frescos de la Catedral de Orvieto, en Umbría. Fue beatificado en 1982.

Masaccio (1401-1428)

Masaccio adaptó a la pintura el relieve y la expresión propios del Renacimiento. De su amigo Donatello hereda el gusto por las figuras poderosas, las expresiones auténticas y los drapeados pesados. De Brunelleschi asimiló las lecciones de la perspectiva. Gracias a su vivo realismo, sus obras (el fresco de la *Trinidad* en Santa María Novella es un ejemplo perfecto) tuvieron una enorme influencia en las generaciones posteriores.

Benozzo Gozzoli (ca.1420-1497)

Formado por Fray Angélico, ayudó a su maestro durante la ejecución de los frescos de San Marco y lo siguió a Roma para sus trabajos en el Vaticano y en Umbría. De Fray Angélico tomó su gusto por los colores vivos y los detalles. Pero su principal aporte proviene de una vivacidad espiritual propia del gótico: lo encontramos en el *Cortejo de los Reyes Magos* ,en el Palacio Medici-Riccardi. De 1444 a

1447 también estudió orfebrería en el taller de Ghiberti y trabajó en la Puerta del Paraíso en el baptisterio.

Sandro Botticelli (1445-1510)

Alumno de Filippo Lippi primero y luego de Verrocchio, y admirador de Antonio Pollaiolo, Botticelli conserva el sentido de la línea y el contorno del primero y la energía del segundo.
A finales del siglo xv era el pintor más grande de Florencia y figuraba entre los llamados a Roma para decorar la Capilla Sixtina. Remontándose a la antigüedad, pinta temas mitológicos, transformados por una dulce poesía que les confiere un carácter alegórico.

Domenico Ghirlandaio (1449-1494)

Este pintor, maestro del arte del fresco, se convirtió en el retratista más destacado de Florencia a partir de 1480. En sus composiciones integra elementos del Renacimiento italiano, pero para los paisajes se inspira en pintores flamencos. La Capilla Sassetti de Santa Trinita y el coro de Santa María Novella son sus obras más importantes. Participa en la decoración de la Capilla Sixtina de Roma.

Nicolás Maquiavelo (1469-1527)

Al finalizar sus estudios de derecho, Maquiavelo se convirtió en secretario del canciller de la ciudad. Sus misiones diplomáticas le permiten descubrir las costumbres políticas de su época, con las que elaborará escritos recogidos en las *Legazioni. Commissarie. Scritti di governo*. En 1512, el derrocamiento de la República de Florencia por los Medici lo obligó a exiliarse, periodo en el que escribió la que aún sigue siendo su obra más conocida: *El Príncipe*. Maquiavelo es también autor de la comedia *La Mandrágora* y las *Historias florentinas*.

Miguel Ángel (1475-1564)

Formado por Ghirlandaio, descubrió su vocación por la escultura cuando asistió a la escuela de Lorenzo de Medici y estudió anatomía en el Hospital del Santo Spirito. Dividió su tiempo entre Roma, donde pintó el techo de la Capilla Sixtina, y Florencia, donde esculpió su famoso *David*. Como legado, nos deja también valiosos poemas, en los que expresa sus tormentos, su agitación amorosa y, hacia el final de su vida, su búsqueda de Dios. Su personalidad apasionada e inquieta influyó en el Manierismo del Renacimiento tardío.

Giorgio Vasari (1511-1574)

Arquitecto, decorador, cronista y pintor cercano a Miguel Ángel, definió los grandes principios de la historia del arte. En su obra *Las vidas de los más excelentes pintores, escultores y arquitectos italiano,* ilustra las obras de los antiguos y de sus contemporáneos con la ayuda de anécdotas y análisis, atribuyendo el nombre de «Renacimiento» a su época. Vasari también fue el creador de la galería que conecta los Uffizi con el Palazzo Pitti, sobre el Puente Vecchio, así como las decoraciones del Palacio Vecchio.

La ciudad de los artesanos

Las artes en Florencia a finales del siglo XIII

La clasificación en gremios mayores, medianos y menores se realizó entre 1282 y 1293. Al principio solo existía un gremio, el de los Comerciantes, que tomó su nombre de la calle en la que se ubicaba: Calimala. Poco a poco, los distintos oficios fueron organizándose y se elevaron al título de arte.

Las **siete artes mayores**, que incluían las profesiones más nobles de la sociedad florentina, eran: Arte de los Jueces y Notarios, Arte de los Comerciantes (o de Calimala), Arte del Cambio, Arte de la Lana, Arte de la Seda (o de Por Santa María) , Arte de Médicos y Boticarios, Arte de Vaiai y Peleteros. Sus escudos aparecen en algunos monumentos de la ciudad.

Las **cinco artes intermedias** fueron: Arte de los Carniceros, Arte de los Zapateros, Arte de los Herreros, Arte de los Maestros de la Piedra y la Madera, y Arte de Linaioli e Rigattieri.

Las **nueve artes menores** fueron: Arte de los Vonateros, Arte de los Hoteleros, Arte de los Aceiteros y charcuteros, Arte de los Peleteros y Galigai, Arte de los fabricantes de Armaduras y Espadas, Arte de los Correggiai, Arte de los Carpinteros, Arte de los Cerrajeros , Arte de los Panaderos.

La artesanía hoy

Cada barrio de Florencia conserva los oficios que han hecho fortuna desde la Edad Media.

El cuero - Las tiendas de ropa y cuero se concentran alrededor de Santa Croce, donde el monasterio alberga una Escuela de Cuero. (☛ *pág. 104*).

La orfebrería- Las tiendas más bellas y pintorescas se encuentran en via dei Tornabuoni y en el Puente Vecchio, dominadas por tiendas en las que se puede ver a los joyeros trabajando.

El papel - Forma parte de las peculiaridades de Florencia, en particular en lo que respecta a las decoraciones de mármol: los diferentes colores, suspendidos en un recipiente, se tiran con una especie de peine para crear diferentes patrones con colores armoniosos. Colocando delicadamente una hoja de papel blanco encima, el motivo queda impreso. Sin embargo, como esta técnica es muy difícil, los motivos más bellos se realizan mediante fotograbado. Los artículos fabricados en masa se pueden encontrar en toda la ciudad, mientras que las láminas más refinadas y los objetos resultantes se pueden comprar en las tiendas de la Plaza de la Signoria, via dei Tornabuoni y Plaza Pitti.

Lana y seda - Capital textil de la Toscana durante muchos siglos, la ciudad prosperó en el sector de la lana a partir del siglo XIII, mientras que los talleres de seda comenzaron a multiplicarse a partir del siglo XV. Hoy en día, esta tradición artesanal se observa en las tiendas de lujo del centro, situadas a lo largo de la arteria formada por via Por Santa Maria, via Calimala y via Roma, pero también a lo largo de su paralela via dei Calzaiuoli.

Zvonimir Atleti/Getty Images Plus

145

El tondo de cerámica de Luca della Robbia en la fachada de la Iglesia de Orsanmichele.

La piedra - En el siglo XVI, cuando la gran corte ducal se rodeaba de artesanos llegados de toda Italia, se difundió la técnica del «escribiente florentino», también conocida como «mosaico florentino». Esta permitía ensamblar piedras duras cortadas con tanta precisión que las uniones eran prácticamente invisibles, para poder crear un diseño figurativo. Las piedras más utilizadas eran el granito, el pórfido, el cuarzo, el ónix y el jaspe, a los que se añadían piedras más blandas como el mármol y el alabastro. A principios del siglo XVII, los talleres fundados por los Medici renovaron la fabricación de armarios, o cassoni, muebles elaborados con maderas preciosas y decorados con piedras raras, cuyas piezas se pueden encontrar en exposición en el Palacio Pitti. El Edificio de Pietre Dure recuerda la historia de esta tradición (● *pág. 45*).

La cerámica - Luca della Robbia, escultor en mármol, aplicó sus conocimientos de pintura a la terracota, elevándola a la categoría de arte. Desarrolló una capa protectora resistente mezclando minerales calentados en fuego de leña, lo que hizo que sus obras fueran casi eternas. Sus cerámicas se caracterizan por delicados relieves blancos sobre un fondo azul realzado por amarillos y verdes. Su obra fue retomada por Andrea (1436-1524) y Giovanni (1446-1527), a quienes el Museo del Bargello dedica dos salas (● *pág. 20*). Numerosos talleres florentinos continúan esta antigua tradición.

La moda

Ya sean artistas, estilistas o gente común, los italianos parecen tener una propensión a la elegancia. Esto lo encontramos tanto en los puestos de los mercados como en las *boutiques* de lujo, pues hasta la ropa informal debe causar una «buena impresión».

La ciudad donde todo se originó

Si la moda italiana, tal como la conocemos, prevalece sobre todo en Milán, nació en parte en Florencia en los años 50, gracias a la audacia del marqués Gian Battista Giorgini. En febrero de 1951 organizó en su casa un desfile de casas de alta costura italianas, ante un público de clientes y periodistas. El evento tuvo tanto éxito que el marqués organizó un segundo desfile en el Palacio Pitti.

Diseñadores florentinos

La mayoría de las grandes marcas están vinculadas a Florencia, empezando por **Gucci** (📍 *pág. 29*), que fundó su primera tienda en 1921 en via dei Tornabuoni nº 73, punto de partida de la marca internacional de alta costura. Aquí se trabajan pieles suaves y se mezclan ingeniosamente los diferentes materiales.
En los años 50, otro marqués, **Emilio Pucci**, se convierte en un abanderado de la moda: amante de las líneas puras, envuelve los cuerpos femeninos en sedas estampadas, vistiendo a Marlène Dietrich, Lauren Bacall, Elizabeth Taylor, etc.

Finalmente, aunque nació en Bonito, un pequeño pueblo de Irpinia, y a pesar de haber comenzado su carrera en Estados Unidos, antes de trasladarse a Florencia en 1927, **Salvatore Ferragamo** sigue siendo una de las principales figuras del mundo del calzado italiano. El inventor de la cuña de corcho y creador de zapatos decorados con hilo de oro, plumas de colibrí o corteza, fabricaba zapatos para las más grandes estrellas. Por tanto, no es casualidad que se le haya dedicado un museo (📍 *pág. 38*).

Ferias internacionales

La ciudad acoge cada año dos importantes salones: «Pitti Uomo» de *prêt-à-porter* masculino, en enero y junio, y «Pitti Bimbo», dedicado a la moda infantil, en febrero y julio (📍 www.pittimage.com).

Compras elegantes

En Florencia, **via dei Tornabuoni** está repleta de *boutiques* de lujo: Ferragamo, Pucci, Gucci, buques insignia de la elegancia florentina, además de otras marcas italianas como Prada, Versace, Dolce & Gabbana. La ciudad cuenta también con un gran número de peleterías y zapaterías de calidad a precios más razonables, que encontrarás en los artesanos de Oltrarno. Los amantes de las joyas podrán elegir entre múltiples opciones en la zona del Puente Vecchio.

Gastronomía

Paleta de formas, materiales y colores en sintonía con su paisaje, la cocina toscana, decididamente popular, se distingue por su refinada sencillez. En Florencia, los productos locales, ideales para animar ollas y sartenes, abundan en los puestos del Mercado de Sant'Ambrogio, así como en las charcuterías más elegantes. No es casualidad que la región pueda presumir de tener una veintena de restaurantes con estrellas Michelin.

Florencia en la mesa

Aperitivos

El primer acercamiento a la gastronomía toscana comienza con la **bruschetta** o, más bien, con su variante regional, la **fettunta** (rebanada de pan tostado untado con ajo y condimentado con sal, pimienta negra y aceite de oliva). Es una oportunidad para degustar dos productos típicos de la región: el pan, fragante y sin sal, y el famoso aceite de oliva virgen extra, de color verde y sabor ligeramente picante, para consumir preferentemente dentro de los dieciocho meses siguientes a la recolección de la aceituna.

Según la tradición local, comenzamos con **crostini**, rebanadas de pan toscano duro acompañadas de paté de hígado de pollo o de una de las variaciones locales a base de carne de caza, setas porcini, o col negra y judías cannellini.

La abundancia de **verduras** nos ofrece una amplia elección en la preparación de platos sabrosos, como las alcachofas fritas o los flanes de verduras.

Entre los **embutidos** destacamos el jamón crudo, con un sabor muy fuerte, y la finocchiona, un salami aromatizado con semillas de hinojo silvestre.

Primeros y segundos

Primeros platos - Entre los primeros platos tradicionales, los más famosos son sin duda la pappa al pomodoro y la ribollita. La primera es una sopa hecha con pan toscano duro y tomates maduros, y la segunda una sopa con pan duro y verduras de invierno, principalmente frijoles cannellini y col negra, que debe su nombre a que antiguamente se servía varios días seguidos, recalentándola cada vez que se tomaba.

La **pasta**, cocinada de muchas maneras diferentes, representa un excelente primer plato. Uno de los formatos típicos son las pappardelle, aderezadas con ragú de liebre.

Segundos platos - Los platos principales típicos incluyen carne de oveja con salsa, estofado de jabalí, lomo de cerdo asado, callos a la florentina condimentados con tomate y queso parmesano, y frituras de cordero, pollo y anguila. El rey de la gastronomía de la región es el famoso bistec a la florentina: un grueso, tierno y jugoso filete de ternera a la brasa. Recomendable al menos 500 g por persona.

La aceituna y su aceite

Según la tradición, en Toscana la recolección de la aceituna o «brucatura» comienza en noviembre, el día de Todos los Santos y se realiza a mano. Las primeras aceitunas están destinadas a ser encurtidas y consumidas durante las comidas, mientras que las recogidas del suelo se prensan en molinos de piedra para obtener un aceite que, sin ningún tipo de manipulación química y sometido a estrictas normas de producción, puede clasificarse como «virgen extra».

Dulces

Hay una gran variedad: desde cantucci con almendras hasta castagnaccio, un pastel tradicional elaborado con harina de castaña. A ellos se suman los brigidini, barquillos curvos, finos y crujientes, el zuccotto, elaborado con bizcocho empapado en licor y relleno de nata enriquecido con trozos de chocolate y fruta confitada, y el panforte, que se come generalmente en Navidad: la receta, fielmente transmitida desde el siglo XIII, mezcla cacao, nueces, avellanas, almendras, especias y frutas confitadas en una mezcla compacta.

Comida callejera

Algunas especialidades también se pueden comer en la calle, como el lampredotto, que es uno de los cuatro estómagos de las vacas. Los puestos del centro ofrecen este pobre plato campesino sirviéndolo con la tradicional salsa verde dentro de un bocadillo «bañado» en caldo.

Variedades de uva famosas

El Chianti

Sigue siendo el vino más renombrado asociado a la identidad toscana. Se produce en una zona que abarca las provincias de Arezzo, Florencia, Pisa, Pistoia y Siena, constituyendo así la mayor región vinícola de Italia en extensión y producción.

Vinos de carácter

Entre los prestigiosos tintos con denominación de origen controlada y garantizada (DOCG) encontramos: Brunello di Montalcino, que debe envejecer cuatro años antes de salir al mercado para llevar este nombre; el Nobile di Montepulciano, de características refinadas, que se presta muy bien al envejecimiento. Incluso cuando se trata de vinos blancos, la Toscana ofrece sorpresas: Vernaccia di San Gimignano, con sabor seco, o Vin Santo, ideal para acompañar postres. Por último, hay unos vinos de excelencia, llamados Supertuscans, entre los que se encuentran Sassicaia, Ornellaia, Solaia y Tignanello.

Los *gourmets* no podrán perderse **Taste**, la exposición del gusto y la excelencia gastronómica organizada en marzo por la fundación Pitti Immagine (*pág. 130*).

Fiestas

El Scoppio del carro

El Scoppio del carro se celebra cada Domingo de Pascua en la Plaza del Duomo.

Historia - El lejano origen de esta fiesta se remonta a 1101, cuando tres escamas de piedra del Santo Sepulcro de Cristo fueron traídas de Jerusalén al regreso de una cruzada. Desde entonces, las chispas se utilizaban para encender el cirio pascual, las velas del clero y del pueblo y las lámparas de las iglesias el Sábado Santo. A partir del siglo XVI, la fiesta adquirió su forma actual.

Ritual - El brindellone, una torre pirotécnica colocada sobre un carro, es arrastrado por una yunta de bueyes adornados con guirnaldas por las calles de la ciudad hasta el Duomo. Una procesión con trajes renacentistas sigue a la carroza, formada por abanderados, representantes de los barrios y equipos de calcio storico. (*más adelante*). Una vez en el cementerio, el carro se desprende de los bueyes y luego es incendiado mediante un cohete en forma de paloma que viaja colgado de un hilo desde el altar mayor de la catedral. Al alcanzar un punto preciso, la paloma-cohete enciende una cascada de fuegos artificiales. Después, un niño dibuja el orden de las históricas semifinales del fútbol.

Calcio Storico fiorentino

Historia Mezcla de fútbol, rugby, boxeo y lucha libre, este juego sin reglas precisas es un legado de los juegos de pelota que jugaban los romanos en la antigua *Florentia*, cuyo único objetivo era meter el balón en la portería contraria. En la Edad Media la costumbre no se abandonó, pero la ciudad tuvo que regular el juego, lo que provocó problemas de orden público, invadiendo calles y plazas o molestando a los vecinos hasta altas horas de la noche.

El calcio storico actual está inspirado en un partido disputado el 17 de febrero de 1530, cuando la ciudad, asediada por las tropas imperiales, se atrevió, a pesar de estar agotada por la escasez de alimentos, a burlarse del agresor celebrando ruidosamente el carnaval. Carlos V ganó el asedio, pero

¿Por qué un cohete con forma de paloma?

Reparata, patrona de la antigua catedral, cuyas reliquias aún se encuentran en la cripta de Santa Reparata (*pág. 16*), permaneció durante mucho tiempo en el corazón de los florentinos, incluso después de la construcción de Santa María del Fiore. La jóven santa, martirizada en Palestina a la edad de 12 años, murió decapitada. Según la leyenda, una paloma surgió de su cuello. Parece que este acontecimiento está en el origen de la tradición pascual de la irrupción de la carroza.

el partido pasó a la historia. A finales del siglo XVIII la tradición del juego se perdió y no se reanudó hasta 1930, en el año del cuatrocientos aniversario. Desde entonces, la tradición del fútbol florentino nunca se vio interrumpida a excepción de la Segunda Guerra Mundial.

La fiesta - El Calcio Storico consta de tres partidos de fútbol disputados entre el primer y el segundo día de junio, con los jugadores vestidos con vestimentas renacentistas. En el torneo participan los cuatro distritos de la ciudad: los verdes representan a San Giovanni (es decir, el baptisterio), los rojos a Santa María Novella, los azules a Santa Croce, y los blancos a Santo Spirito.

El festival comienza con una gran procesión de 530 participantes vestidos con trajes de época, que reúne a todos los miembros de la sociedad florentina del siglo XVI. Al son de trompetas y tambores y de pancartas al viento, el desfile, que parte de Santa María Novella, llega a la plaza de Santa Croce, cubierta de arena para la ocasión, donde se juega el partido. El partido dura 50 minutos y el «silbido» inicial lo da un disparo de culebrina, que también explota por cada gol marcado. Cada equipo está formado por 27 jugadores: 4 porteros, 3 laterales, 5 centrocampistas y 15 delanteros. El equipo ganador recibe un ternero blanco, que antes se sacrificaba in situ para preparar un festín. Hoy se vende la ternera, pero la costumbre del banquete se ha mantenido.

La Rificolona

Esta fiesta de las farolas tiene lugar la noche del 7 de septiembre, vigilia del nacimiento de la Virgen María. Se acompaña de un gran mercado de otoño en la Plaza de la Santissima Annunziata.

Historia - La tradición se remonta a la época en la que agricultores y montañeros acudían a Florencia para asistir a las fiestas marianas, esperando al mismo tiempo vender sus productos en la feria organizada para la ocasión. Las largas distancias que debían recorrer les obligaban a menudo a marchar durante varios días, iluminándose con faroles al caer la noche.

El rificolone - Eran marionetas que se asemejaban a los rasgos de los montañeros que participaban en la fiesta y se montaban sobre largos palos. Más tarde cambiaron de forma, se cubrieron de colores y se convirtió en costumbre colgarlos en las ventanas de las casas, mientras los niños los llevaban por las calles colgados de las puntas de los palos.

El Maggio fiorentino

Prestigioso festival internacional de arte operístico, el Maggio fiorentino, fundado en 1933 por el director Vittorio Gui (1885-1975), incluye cada año en su programa desfiles, conciertos, óperas y ballets. El repertorio también incluye obras poco conocidas de grandes compositores del siglo XIX, y obras contemporáneas puestas en escena por grandes directores y escenógrafos.

La Guía Verde de Fin de Semana, editada por Philippe Orain

Responsable editorial y editor jefe de la guía	Catherine Guégan
Realización editorial	Florencia Picquot
Redacción	Camille Bouvet, Nadia Bosquès, Hélène Bouchoucha, Eva Cantavenera, Anne Kanjounzeff, Sophie Lhéraud, Maura Marca, Laura Matesco, Guylène Ouvrard, Jean-Claude Renard
Contribuyeron a esta guía	Theodor Cepraga, Costina-Ionela Lungu (**cartografía**), Véronique Aissani, Carole Diascorn (**portada**), Marion Capéra, Marie Simonet, Sébastien Muylaert (**iconografía**), Andra-Florentina Ostafi (**datos objetivos**), Bogdan Gheorghiu, Cristian Catona, Gabreil Dragu, Hervé Dubois, Pascal Grougon (**preimpresión**), Dominique Auclair (**dirección**), Florence Picquot (**relectura**)
	Mapa extraíble: © MICHELIN 2022 y © 2006-2018 TomTom. Todos los derechos reservados.
Diseño gráfico	Laurent Muller (interior) Véronique Aissani (portada)